Richard David Precht

Das Jahrhundert der Toleranz

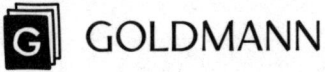

Richard David Precht

Das Jahrhundert der Toleranz

Plädoyer für eine
wertegeleitete Außenpolitik

GOLDMANN

Aus Gründen der besseren Lesbarkeit wird im Folgenden auf die gleichzeitige Verwendung weiblicher und männlicher Sprachformen verzichtet und das generische Maskulinum verwendet. Diese Formulierungen umfassen gleichermaßen weibliche und männliche Personen mit ein; alle sind damit selbstverständlich gleichberechtigt angesprochen und mit gemeint.

Der Verlag behält sich die Verwertung der urheberrechtlich geschützten Inhalte dieses Werkes für Zwecke des Text- und Data-Minings nach § 44 b UrhG ausdrücklich vor. Jegliche unbefugte Nutzung ist hiermit ausgeschlossen.

Penguin Random House Verlagsgruppe FSC® N001967

1. Auflage
Originalausgabe Mai 2024
Copyright © 2024: Wilhelm Goldmann Verlag, München,
in der Penguin Random House Verlagsgruppe GmbH,
Neumarkter Str. 28, 81673 München
Redaktion: Regina Carstensen
Umschlag: Uno Werbeagentur, München
Umschlagmotiv: ©FinePic, München
Satz: Buch-Werkstatt GmbH, Bad Aibling
Druck und Bindung: GGP Media GmbH, Pößneck
Printed in Germany
JE · CF
ISBN 978-3-442-31607-6

www.goldmann-verlag.de

Europe has to grow out of the mindset that Europe's problems are the world's problems but the world's problems are not Europe's problems.

Subrahmanyam Jaishankar,
Außenminister Indiens

Inhalt

I. Die Ohnmacht der Vernunft 9

II. Die Herausforderungen unseres Jahrhunderts .. 17

III. Warum die Geschichte nicht zu Ende ist 35

IV. Woran Gesellschaften scheitern 61

V. Die Sehnsucht nach einfachen Erzählungen und ihre fatalen gesellschaftlichen Folgen 77

VI. Unzeitgemäße Feindbilder 93

VII. Systemische Rivalität als bewusste Entscheidung, die Macht der Gefühle und die Mittel kognitiver Kriegsführung 119

VIII. Zwei Weltbilder: Identitätspolitik versus universalistischer Humanismus 149

IX. Was sind Werte? Und woran liegt es, dass man sie nicht *besitzt*? 169

X. Was sind Menschenrechte? 179

XI. Warum es mehr schadet als hilft, von
    westlichen Werten zu sprechen 203

XII. Die Fallstricke der bisherigen wertegeleiteten
     Außenpolitik 219

XIII. Werte verteidigen im 21. Jahrhundert 239

XIV. Das Jahrhundert der Toleranz 255

Anmerkungen 273

Danksagung 281

Personenregister 283

Sachregister 285

I.

Die Ohnmacht der Vernunft

Dieser Essay betrachtet, welche große Herausforderung auf die Staaten der Welt im 21. Jahrhundert zukommt. Und er fragt, wie ein halbwegs friedliches Miteinander möglich sein könnte und wie es sich vermeiden lässt, dauerhaft in alte Muster der Feindschaft und Konfrontation zurückzufallen. Dabei nimmt er eine philosophische Perspektive ein. Der Autor bietet dem Leser keine schnellen »Lösungen«. Wie sollte er auch, wo die verhandelten Fragen keine »Probleme« sind. In der Mathematik und stärker noch in der Informatik, die heute mehr und mehr die Grammatik unseres Denkens bestimmen, sind Schwierigkeiten Probleme, die durch eine Lösung verschwinden. In Gesellschaft, in Politik und Kultur, schlicht: im wirklichen Leben, werden Herausforderungen und Krisen nicht durch Lösungen aus der Welt geschafft. Für welche Maßnahmen man auch immer sich entscheidet, stets werden Schwierigkeiten verlagert, überformt, in den Hintergrund gestellt oder durch andere Schwierigkeiten ersetzt.

Genau dies macht die hier verhandelte Frage philosophisch. Die richtigen handlungsleitenden Maximen und Reflexionen zur Rolle Deutschlands und Europas in einer sich rasant verändernden Welt sind keine Probleme der genannten Art. Sie sind keine binäre Programmierung einer KI, die nur Einsen kennt und Nullen. Und die Schwierigkeiten haben strukturell nicht entfernt etwas zu tun mit bahnbrechenden Ingenieursleistungen oder den Problemen der Mathematik. Im Gegensatz zur Sphäre, in der Probleme erkannt und gelöst werden, kann es für die großen gesellschaftlichen Fragen entsprechend auch keine »Experten« geben; ein Begriff, der sich sinnvollerweise nur im naturwissenschaftlich-technischen Kontext verwenden lässt sowie bei Fragen von empirischer Eindeutigkeit. Von einem Experten lässt sich erwarten, dass er Probleme nicht nur versteht, sondern möglichst zügig behebt. Doch die Erwartung einer politischen »Expertise«, dort, wo sie nicht leichtfertig gleichgesetzt ist mit der Anstellung bei einer einschlägigen politischen Organisation oder gar der Leitung eines politischen Ressorts bei einem überregionalen Massenmedium, kann, wenn überhaupt, nur in einer möglichst vorurteilsfreien Betrachtung, in Umsicht und Weitsicht eingelöst werden.

Man wird nicht behaupten wollen, dass es Menschen, die sich darum bemühen, in Deutschland nicht gibt. Aber deren Expertise, soweit an Universitäten und Forschungseinrichtungen vorhanden, bestimmt bei uns, nicht anders als in anderen Ländern, nur selten die politischen und medialen Debatten. Umsicht, Vorurteilsfreiheit und Abstand sind das nützlichste Kapital der Wahrheitsfindung. Aber es ist eines, das sich medial und politisch nur selten verzinst. Entsprechend werden große Fragen der Politik, Fragen nach Leit- und Richtwerten, strategischen Ausrichtungen, langfristigen Perspektiven, Freund-Feind-Linien und diplomatischen Schritten kaum irgendwo öffentlich sortiert wie Eisenspäne in einem Magnetfeld. Und noch weniger werden sie je vor einem neutralen Gerichtshof der Vernunft auf ihre Stichhaltigkeit, ihre Folgerichtigkeit und ihre ethische Stringenz verhandelt. Der Motor, der die Politik wie auch die Massenmedien vorantreibt, ist zumeist der Affekt. Und die Belohnungskultur der handelnden Protagonisten sind Schlagzeilen und Zustimmungswerte, mithin Markt-, Macht- und Karrierechancen.

Wer über die großen geostrategischen Herausforderungen des 21. Jahrhunderts nachdenkt, muss das wissen. Er muss unterscheiden zwischen dem, was Affekt und was Interesse ist. Und er muss die Erzählungen kennen, die aus der Kombination von beidem entstehen.

Denn genau diese Narrative bestimmen die gesellschaftlichen Debatten in den Massenmedien. Politiker und Parteien wiederum suchen sich hiervon oft heraus, was zu ihnen passen soll und zumindest flüchtig positive Aufmerksamkeitsgewinne verspricht. Auf diese Weise wird die Komplexität des Weltgeschehens reduziert, habhaft gemacht durch das Einsortieren in einfache, oft allzu einfache Schablonen.

Schon der große Ernst Cassirer wusste in den Zwanzigerjahren: Menschen basteln sich ihre Erfahrungen nicht in einem unendlichen Abgleich mit der Welt zusammen, sondern sie basteln sie schlicht *zu* einer Welt zusammen. Kein Wunder, dass sowohl die Auswahl dessen, was im Fokus steht und Schlagzeilen verspricht, als auch die moralische Bewertung flatterhafte Gestalten des Zeitgeists sind, ausgespuckt von der medialen Maschinerie. Mit Grundsätzen und Grundsätzlichem haben sie zumeist nur rhetorisch zu tun; tatsächlich jedoch sind diese Grundsätze äußerst flexibel. Wenn ein Krieg in Europa wichtiger ist als ein ebenso grausamer Krieg im Jemen, Kriegstote in Europa dramatischer als Hungertote in Afrika und Überschwemmungen infolge des Klimawandels erst dann ernst genommen werden, wenn sie das Ahrtal und Dürren die brandenburgischen Wälder heimsuchen, dann entspricht nichts davon unseren moralischen Grundsätzen. Die

Grundsätze unserer Verfassung und unsere Werte sehen die Menschenwürde als unüberbietbares Gut, als einen »Zweck an sich«, der nicht relativiert werden darf. Das Leben eines jeden Menschen ist gleich viel wert, egal welchen Geschlechts er ist, welche Hautfarbe er hat und wo auch immer in der Welt er lebt. Und doch stufen wir, wenn Europa wichtiger ist als Afrika, implizit die Menschenwürde ab in *Wir*, die *anderen* und die *ganz anderen*.

Solche emotionalen Relativierungen, so scheint es, gehören zu den Menschen dazu, seit es sie gibt. Und auch die bahnbrechenden Einsichten der Aufklärung – der Versuch einer universellen Ethik der Menschenwürde auf rationaler Grundlage – haben daran nicht genug geändert, als dass Instinkte und Affekte nicht heute noch handlungsleitend in der Politik wären. Unsere emotionale Grundausstattung und unsere Not, die Komplexität der Welt nach eigenen Vorstellungen reduzieren zu müssen, um sie in Begreifbares zu zerlegen, machen es rationalen Überlegungen zur Politik bis heute sehr schwer. Der Hang dazu, Denkwege abzukürzen, ist allemal weiter verbreitet als die Neigung, sich mit großer Komplexität auseinanderzusetzen; gar nicht zu reden von der unter Menschen so selten zu findenden Liebe zu nüchterner Wahrheit. Jeder praktisch denkende Mensch, sofern er nicht seine beruflichen Einkünfte daraus bezieht, weiß, dass eine solche Wahrheit ihm nichts bringt, außer vielleicht einen kleinen Freudensprung in seinem Gehirn. Abkürzungen, Vereinfachungen und Schablonisierungen dagegen geben der Seele ein weit festeres Fundament. Sie befeuern Zustimmungsgemeinschaften, die ihren kognitiven Schnellzement durch Zuspruch weiter verfestigen.

Das Einfallstor jeder philosophisch motivierten Argumentation ist deshalb nicht die Rationalität der Betrachtungsweise um ihrer selbst willen. Durchschlagskräftiger ist eine andere Frage, nämlich die, ob wir unsere Interessen selbst richtig verstehen. Jede Abkürzung in der politischen und außenpolitischen Debatte, jede Diskursverengung und jede einfache Schablonisierung ist interessengeleitet. Auch dies dürfte in der Geschichte der Menschheit nie anders gewesen sein. Die Frage ist nur, ob unser oft kurzsichtig und kurzfristig verstandenes Interesse auch tatsächlich unser wirklich langfristiges Interesse ist. Die Abstand nehmende Betrachtung appelliert also nicht an die Wahrheit, sondern an den wohlverstandenen Eigennutz. Brauchen wir nicht mehr Umsicht und mehr Abstand nehmende Reflexion, um die eigenen Interessen klarer zu sehen: die Interessen Deutschlands, die Interessen Europas und mithin die Interessen aller Menschen auf unserem immer kleiner erscheinenden Planeten? Werden wir es schaffen, uns vor den Fallstricken eines kurzsichtigen *wishful thinking* zu befreien, in denen die deutsche und europäische Außenpolitik derzeit so sehr gefangen zu sein scheint? Schaffen wir es, erfolgreich gegen die so mut- und perspektivlose Restauration anzudenken, die uns ein unabsehbares Ende der militärischen Konfrontation, gar einen Endkampf zwischen Demokratien und Autokratien im 21. Jahrhundert vorhersagt mit der potenziellen Gefahr eines Dritten Weltkriegs? Ist das das wohlverstandene Eigeninteresse Deutschlands, Europas oder gar der ganzen Welt?

Sollte dieser Essay auch nur einen winzigen Beitrag dazu leisten, dem zukunftsgerichteten Denken wieder zu seinem Recht zu verhelfen, realistische Perspektiven zu zeichnen, Fluchtpunkte zu markieren und etwas Wünschenswertes in den Sand der Geschichte zu zeichnen, so wäre sein Ziel erreicht.

II.

Die Herausforderungen unseres Jahrhunderts

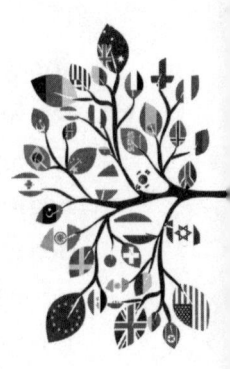

Kein Mensch und keine Zeit können ihre Gegenwart begreifen. Das Leben, sagt der dänische Philosoph Søren Kierkegaard, kann nur vorwärts gelebt, aber nur rückwärts begriffen werden. Unser Verstand hinkt unserem Tun und Handeln hinterher wie die Einsicht der Ansicht. In welche Richtung auch immer das menschliche Gehirn im Laufe der Evolution geformt wurde, die Abstand nehmende rationale Betrachtung bleibt dabei ein Sonderfall. Unser Fühlen und unser Denken gilt der Orientierung in einer zunehmend komplizierteren Lebenswelt. Und sich mit vielen einfachen Ansichten und schnelllebigen Einsichten zu begnügen, ist naheliegenderweise der Regelfall.

Und doch steht dieser Regelfall heute zur Diskussion. Nicht nur blicken wir schaudernd zurück auf eine Menschheitsgeschichte der Kriege und Ideologien, der Kurzsichtigkeit und der Verblendung. Wir sehen auch voraus in eine Zukunft, in der unser Leben zum ersten Mal von tatsächlich globalen Herausforderungen überschattet wird, die unsere Lebenswelt stark und oft negativ zu verändern drohen; Herausforderungen, bei denen es mit den gewohnt einfachen Antworten noch weniger getan ist als in früheren Zeiten. Vielmehr denn je erfordern die Aufgaben eine Abstand nehmende Perspektive, eine Draufschau, die unbeachtet eigener Voreingenommenheit, Vorlieben, Wünsche und Gedankenschranken den Blick für das große Ganze schärft.

An solchen Versuchen, die Herausforderungen des 21. Jahrhunderts zu sortieren und zu gewichten, besteht von wissenschaftlicher Seite kein Mangel. Man denke an die vielen Rankings der größten Risiken für die Menschheit für die hier stellvertretend der Global Risks Perception Survey stehen soll, den das World Economic Forum, das Weltwirtschaftsforum (WEF), in den Jahren 2021 und 2022 erstellt hat.[1] Danach sind die drei größten Risiken für die Menschheit Fragen der biologischen Umwelt: die Veränderung des Klimas auf der Erde mit einem Temperaturanstieg über 1,5 Grad Celsius; die damit einhergehenden Extremwetter wie Hitzewellen mit Dürren und Wassermangel, verheerende Stürme, Starkregen und Überflutungen und als Drittes der Verlust an Biodiversität. Was in manchen Ohren wie ein Hobby von Zoodirektoren klingt, die

Sorge um das globale Artensterben ist ohne Zweifel eine katastrophale Entwicklung für die ganze Menschheit. Kaum einem Großstädter in Deutschland scheint heute noch bewusst, wie sehr wir Menschen der Natur einbehalten sind und ihr nicht etwa entgegenstehen wie in den Fantasien der Posthumanisten, die in uns nichts anderes sehen können als verbesserungsnotwendige Maschinen. Doch woher sonst nehmen wir unsere Nahrung, unser Wasser oder die Inhaltsstoffe unserer Medikamente? Von wo aus beziehen wir die Wärme, wenn nicht von der Sonne wie andere Lebewesen auch? Und doch haben Menschen es fertiggebracht, die natürlichen Kreisläufe, von denen unser Leben und Überleben abhängen, empfindlich zu stören. Man hat ein Insektensterben historischen Ausmaßes entfacht, jener Helfer der Natur, die mehr als Dreiviertel unserer Nutzpflanzen bestäuben. Man hat dieser Grundlage der Welternährung mit Pestiziden und Herbiziden bis zum Verschwinden oder bis zur Resistenz zugesetzt. Menschen haben die Wälder abgeholzt und die Meere überfischt und die natürlichen Biotope auf dem Planeten zerstört.

Fast alle weiteren Risiken, die das Ranking des World Economic Forum auflistet, sind mehr oder weniger direkte Folgen der ersten drei. Dass weltweit die Spaltung von Arm und Reich zunimmt, wird mehr und mehr mit Klimaveränderungen zu tun haben, die die Ärmsten der Armen südlich der Sahara unverhältnismäßig mehr treffen als Schweden oder Japan. Das Gleiche gilt für das fünfte Risiko, den Verlust der Lebensgrundlagen. Der Lebensstil der Menschen, und hier vor allem das Leben der Menschen in Europa und den USA, hat die Abholzung der Regenwälder vorangetrieben, die Böden erodieren lassen, Meere und Küsten mit Plastik und Erdöl verseucht und das Klima durch das Verbrennen fossiler Energien belastet. Und wenn heute das Wasser in vielen Regionen der Welt zu knapp wird, Menschen und ihr Vieh verdursten, wenn anderenorts Böden durch Niederschläge versumpfen oder von Meerwasser überflutet und versalzen werden, so sind dies mehr und mehr Folgen der menschengemachten Klimakatastrophe.

Im Jahr 2023 hatte die Menschheit bereits am 2. August alle Ressourcen verbraucht, die ihr nach Berechnungen von Wissenschaftlern für das Jahr zur Verfügung stehen. Aber wer ist in diesem Fall schon die Menschheit? Tatsächlich ist die Schuldfrage innerhalb der sogenannten Menschheit höchst ungleich verteilt. Spitzenreiter im Ranking jener Staaten, die relativ zu ihrer Einwohnerzahl zu viele Ressourcen verbrauchen, sind Katar und Luxemburg, ihr Kontingent war bereits im Februar aufgezehrt, gefolgt von Australien, Belgien,

Dänemark und Finnland im März. Deutschland überschritt die Belastungsgrenze am 4. Mai, am selben Tag wie Israel.[2]

Schuld an den Risiken, die die Zukunft aller Menschen auf der Erde bedrohen, ist also nicht die Menschheit im Allgemeinen. Und schon gar nicht ist es *der* Mensch. Es sind vornehmlich die reichsten Staaten der Erde, jene mit dem höchsten Lebensstandard. Von ihnen aus gehen Linien, die Hunger- und Flüchtlingskatastrophen in Afrika in Gang setzen und »Klimaflüchtlinge« nach Europa treiben. Migrationsbewegungen, die sich in den nächsten Jahrzehnten noch einmal dramatisch verstärken, werden nicht nur Millionen Menschen das Leben kosten, sie führen auch zu sozialen Konflikten in den Wohlstandsländern, die mindestens Mitverursacher dieser Migration sind. Der Kampf um die Teilhabe an den wirtschaftlichen Ressourcen wird mutmaßlich auch hier härter werden. Und die Kriminalität dürfte zunehmen – ein Thema, das reiche Gesellschaften meist mehr beschäftigt als deren Ursachen. Prügeleien in Freibädern irritieren die deutsche Öffentlichkeit oft stärker als Ertrinkende im Mittelmeer. Sozialleistungsverteilungen in Deutschland erregen mehr Unmut und Empörung als das soziale Desaster in den Hungerländern Sudan oder Niger. Doch die Probleme der anderen mögen weit weg sein, das 21. Jahrhundert verkettet sie untrennbar miteinander. Wer wirtschaftlich überall von der Welt profitiert, den finden auch die Sorgen der Welt.

Gegenüber den großen Themen der Umwelt- und damit Lebenszerstörung wirken alle anderen politischen Herausforderungen, so wichtig sie sind, deutlich kleiner. Die Schuldenkrise in Ländern wie Griechenland, Argentinien oder Venezuela schafft es gerade mal auf Platz neun des WEF-Rankings, die wachsenden geopolitischen Spannungen zwischen den USA und China sowie Russlands Krieg gegen die Ukraine auf Platz zehn. Die Folgerungen, die sich daraus für die Politik wie für die Außenpolitik ableiten, lassen an Eindeutigkeit nichts zu wünschen übrig: Oberstes Primat aller politischen Anstrengungen hat der Umwelt- und Klimaschutz. Die Treibhausgasemissionen müssen, gemäß des Klimaabkommens von Paris, im Jahr 2030 auf die Hälfte dessen reduziert werden, was 2010 ausgestoßen wurde. Wird dieses Ziel verfehlt, so die Prophezeiung der Global Challenges Foundation, drohen Katastrophen wie der Verlust von Landmasse, Welternährungskrisen, ein rasantes Anwachsen des Artensterbens und ein Wetterchaos mit desaströsen Folgen für die menschliche Zivilisation.[3]

Die Appelle der Wissenschaftler und Institute sind seit Jahren die gleichen: Soll die Menschheitsdämmerung verhindert werden und die Erde auch noch in vielen Jahrzehnten für Menschen bewohnbar sein, so muss der Klima- und Umweltschutz zu *dem* Hauptthema der Politik werden, hinter dem alles andere zurückfällt. Gefordert ist, dass die Staaten zu ihrem Wort stehen, das sie künftigen Generationen in Paris gegeben haben. Mit eindeutigen Worten: dass sie ihre Wirtschaft und ihren Lebensstil revolutionieren und dass sie all die genannten Krisen entschlossen angehen, um die Risiken für die Menschheit zu minimieren.

So weit die Idee. Und bis auf jene Verirrte, die die Klimakatastrophe bis heute entweder abstreiten oder nicht für menschengemacht halten, wird dem Gesagten auch jeder zustimmen und in sich gehen müssen. Doch weit gefehlt. Tatsächlich nämlich werden die Warnungen aus den Schweizer Bergen, aus Stockholm, wo die Global Challenges Foundation ihren Sitz hat, und die Appelle der ungezählten Umweltorganisationen nicht für das angesehen, was sie sind: nüchterne Fakten und realistische Prognosen, die sich jedes Jahr ein kleines Stück mehr bewahrheiten. Stattdessen ist die ökologische Sonntagspredigt längst dort angekommen, wo die religiöse Sonntagspredigt immer schon war: in der Sphäre des Als-ob. Für einen flüchtigen Moment, eine *Tagesschau*-Minute, eine Schlagzeile, eine Mahnung stellen wir uns die Realität einmal kurz so vor, wie sie tatsächlich ist. Und einer Andacht gleich, gehen wir nur kurz in uns und versichern uns, zu den Guten gehören zu wollen. Doch der Augenblick verweht, und die eindringlichen Worte der Ökologen verflüchtigen sich wie jene des Pfarrers nach dem Verlassen des Kirchenportals. Der teilnahmslose Blick kommt zurück, die Gedankenlosigkeit hat uns wieder, der Realitätsverlust treibt uns weiter voran im alten Trott. Der verstörende Inhalt, »Du musst dein Leben ändern, wir müssen unsere Politik verändern«, wandert wie in einem gut verschlossenen Gefäß in ein entferntes Regal unseres Bewusstseins, und andere Fragen treiben das Handeln voran. Am Ende bleibt allenfalls Hilflosigkeit zurück. Auf der individuellen Ebene lässt sich – allen anderslautenden Appellen zum Trotz – die ökologische Katastrophe ohnehin nicht verhindern. Denn auch wenn ich kein Auto fahre, kein Fleisch esse und keine Plastiktüten benutze, ändert sich ja nichts an der Dynamik, die den Kollaps weiter vorantreibt. Auf große globale Probleme braucht es politische Antworten. Der Einzelne hingegen steht ihnen ziemlich ratlos gegenüber. Kein Wunder also, dass wir so oft Zuflucht in der Verdrängung suchen. Auf diese Weise gelingt, wozu Menschen allem Anschein nach hochbegabt sind: Wir begegnen der nüchternen Grammatik unschöner Fakten mit deren Formalisierung. Die Umweltfrage wird zu einer politischen Frage unter vielen, das Ranking zerfällt im Handumdrehen, und anderes schiebt sich in den Mittelpunkt: Aufregendes und Empörendes ebenso wie Erfreuliches, Banales und Zerstreuendes.

Wissen und Information, so die Pointe, schützen nicht vor Realitätsverlust. Man denke in diesem Zusammenhang nur an die Wahlkampfthemen in Deutschland, die deutlich machen, dass wir den drohenden Untergang des Menschengeschlechts, trotz eigener Kinder, mitunter Enkelkinder, so im Bewusstsein speichern, dass er dort nicht mit unserem Handeln zusammentrifft. Unser Wissen um die Perspektivlosigkeit unseres Wirtschaftens und unsere alltägliche Besorgnis scheinen gleichsam auf zwei verschiedene kortikale Regionen verteilt zu sein. Die wichtigsten Wahlkampfthemen der letzten Zeit waren der Kampf um die Lkw-Maut für vornehmlich Österreicher auf überwiegend bayerischen Straßen, gelegentlich das Thema Klimaschutz, etwa gleichrangig mit innerer Sicherheit und bezahlbarem Wohnraum. Im letzten Bundestagswahlkampf 2021 plakatierte die SPD am häufigsten »Respekt für Dich« und »Kompetenz für Deutschland«, die CDU setzte ebenso inhaltsleer auf »Gemeinsam für ein modernes Deutschland«, »Entschlossen für Deutschland« und »Damit Deutschland stark bleibt«. Die FDP gab philosophisch aus: »Wie es ist, darf es nicht bleiben«,

»Nie gab es mehr zu tun« und »Aus Liebe zur Freiheit«. Inhaltlich wichtigstes Thema der Liberalen war: »Steuererhöhungen sind Sabotage am Aufschwung«. Und die Grünen boten vergleichbar gehaltslos auf: »Zuhören und Zutrauen« und »Unser Land kann viel, wenn man es lässt«. Neben dem formalhaften Bekenntnis zum Klimaschutz blieb ansonsten noch der eisern unverrückbare Grundsatz übrig: »Keine Waffen und Rüstungsgüter in Kriegsgebiete«.

Es ist schon eine lehrreiche Betrachtung, sich vorzustellen, was wohl Bewohner eines anderen Planeten, die mit unbestechlichem Blick auf die Erde schauen, über den Geisteszustand und die Zivilisation des Homo sapiens denken müssen. Je unerbittlicher die ökologische Katastrophe voranschreitet und je lauter die Wissenschaftler warnen und ein radikales Umdenken einfordern, umso sedierender wird die Politik. Ruhe und Optimismus verbreiten, scheint ihre oberste Maxime. Die alltägliche Aufregung, die in den reichsten Ländern der Welt immer heißer aufkocht, betrifft Kinkerlitzchen und Skandale um Personen. Verstöße gegen die Correctness nehmen weit mehr medialen Raum ein als die Klimakatastrophe und die Zerstörung der Lebensgrundlagen. Die Entrüstung im Namen des Guten lenkt so Tag für Tag von den großen Katastrophen der Welt ab. Selbstverständlich besteht Politik nicht darin, sich nur um das Allerwichtigste zu kümmern und alle anderen gesellschaftlichen Herausforderungen zu ignorieren. Und doch lässt sich kaum übersehen, mit welcher Macht heute die Erste-Welt-Probleme in den Vordergrund drängen und die wirklichen Weltprobleme dahinter verschwinden, in den Hintergrund gerückt von Menschen, die sich oft selbst missverständlich für »links« halten, so als wäre »links« ein Spartenprogramm hipper Großstädter statt einer Verantwortung für das Schicksal der Abgehängten, der Rechtlosen und Verhungernden auf der ganzen Welt.[4] Die Blase der Klein- und Scheinprobleme, so scheint es, schwillt umso stärker an, je verheerender der Lebensstil der Bewohner dieser Blasen zur Zerstörung der Welt beiträgt.

Als die Europäische Kommission im Jahr 2017 Menschen in allen Ländern der EU bat, eine Liste der größten Probleme der Welt anzulegen, kamen Armut sowie Mangel an Nahrung und Trinkwasser verständlicherweise auf den ersten Platz.[5] Doch schon auf dem zweiten Platz wurde es interessant. Danach war der internationale Terrorismus das zweitgrößte Problem der Menschheit, von 24 Prozent der Befragten genannt. Der Klimawandel an dritter Stelle schaffte es dagegen gerade mal auf die Hälfte der Nennungen. Nur zwölf Prozent, jeder achte EU-Bürger, hielt die sich anbahnende Klimakatastrophe für ein großes Menschheitsproblem.

Man wird, nüchtern und rational betrachtet, nicht lange darüber streiten müssen, was *die* Aufgabe der Politik im 21. Jahrhundert sein müsste. Die katastrophale Weltlage erfordert eine unbestechliche *Realpolitik*. Die wichtigsten Themen von Innen- wie Außenpolitik sind der Klimawandel, die Ressourcenausbeutung, das Artensterben, der Kampf ums Wasser, die Migrationswellen und der weltweite Kontrast zwischen Arm und Reich mit seinen dramatischen Folgen. Eine globale Perspektive einzunehmen bedeutet, sich aus den festgefahrenen Sichtweisen zu lösen, die von (vermeintlichen), aber oft kurzsichtigen Eigeninteressen ausgehen und die im Regelfall damit beginnen, dass man sich selbst grundsätzlich erstens für die *Guten* und zweitens für das *Wichtigste* hält.

Doch der implizite Narzissmus ist leider auch im 21. Jahrhundert ein beharrlicher Faktor. Und so verwundert es nicht, dass in der Außenpolitik oft kurzsichtige nationale Interessen in einem solchen Ausmaß dominieren, dass die großen Probleme der Welt als Nebensächlichkeiten dahinter verblassen. Dass in einer immer kleiner werdenden Welt diese globalen Probleme viel mehr unsere wohlverstandenen nationalen Interessen berühren, kommt, wenn überhaupt, bei Klimakonferenzen in den Blick, nicht aber in der tagtäglichen Außenpolitik. So etwa rückt der afrikanische Kontinent gegenwärtig nicht deshalb in den Fokus, weil die Klimakatastrophe dort Fürchterliches anrichtet, das unseren Humanismus herausfordert. Vielmehr wird Afrika heute deshalb »wichtig«, weil der Kontinent über von den Industrieländern dringend benötigte Rohstoffe verfügt, die nicht in die Hand Chinas fallen sollen, sondern in jene der USA und Europas.

Wohlgemerkt: Dass Länder sich außenpolitisch an ihren nationalen Interessen orientieren, ist weder befremdlich noch verwerflich. Bedrückend ist etwas anderes, nämlich, dass diese verständlichen nationalen Interessen nicht im Kontext des großen Ganzen gesehen werden; Wirtschaftsfragen erscheinen seltsam dekontextualisiert von ökologischen, sozialen und politischen Folgeschäden, die am Ende heftig auf uns zurückschlagen. Und die Vorstellung, dass unsere nationalen Interessen ihre moralische Legitimität daraus ziehen, dass wir ja schließlich die Guten sind, ist ein eklatanter Selbstbetrug. Im Hinblick auf die Folgen unserer Lebensweise, unseren ökologischen Fußabdruck, sind die westlichen Industrieländer nicht einmal ansatzweise die Guten, sondern, ganz nüchtern festgestellt, die Schlechten schlechthin. Dass seit dem Jahr 1971 die »Menschheit« über ihre Verhältnisse lebt, dass sie mehr natürliche Ressourcen verbraucht, als Ressourcen sich regenerieren können, ist, wie erklärt, gewiss nicht allen

Menschen anzulasten.[6] »Wenn alle Menschen so lebten wie die Europäer«, folgert das Global Footprint Network, »wären fast drei Erden notwendig, um den Ressourcenverbrauch nachhaltig zu ermöglichen. Wenn alle Menschen so lebten wie die Nordamerikaner, wären es sogar knapp fünf Erden.«[7]

Dass Industrieländer wie Deutschland sich unter solchen Voraussetzungen ohne Einschränkung zu den »Guten« in der Welt zählen, ist also nur mit einer gehörigen Dosis an Realitätsverlust denkbar. Zudem bringt die Selbstklassifizierung als »gut« niemandem einen Moralvorsprung. Für die »Guten« halten sich bekanntlich alle Länder der Welt, einschließlich ihrer Politiker, nicht anders als die allermeisten Menschen sich für die »Guten« halten. Unter Kritik von außen verstört zu sein und sich nicht für »gut« halten zu können, ist ein Zustand, den die meisten nicht lange aushalten. Sozialpsychologen sprechen hier von einer »kognitiven Dissonanz«. Konfrontiert mit Kritik, behelfen wir uns mit einem ganzen Arsenal an Tricks, um unser Selbstbild wieder zu harmonisieren: Wir qualifizieren den Menschen, der uns kritisiert, ab, halten uns in der betreffenden Sache nicht für zuständig oder verweisen auf andere, die es ja schließlich auch nicht besser machen, sondern viel schlechter. Diese Spielchen mit sich selbst dürften so alt sein wie die Menschheit und produzieren bis heute fast nur gute Menschen, gute Gruppen, gute Gesellschaften, gute Völker usw. und keine schlechten.

Den außenpolitischen Ankerpunkt so anzusetzen, dass man selbst ganz unhinterfragt zu den Guten gehört, befriedigt zwar ein wichtiges psychologisches Bedürfnis, führt aber in keiner Sache weiter, schon gar nicht dort, wo es um globale Herausforderungen geht. Es lenkt viel zu stark davon ab, wie sehr die Menschen aller Kulturen im 21. Jahrhundert eine Schicksalsgemeinschaft bilden, die alle Fantasie und alle Kräfte benötigt, um die Erde langfristig bewohnbar zu halten. Die Folge daraus ist enorm. So wie die Menschen früherer Jahrhunderte sich ihres Standes, ihres Glaubens, ihrer Nation oder ihrer Klasse bewusst waren, so müssen Menschen sich heute vor allem anderen ihres Platzes in der Natur bewusst werden. Entscheidend wird dabei – und das ist der große Unterschied –, dass die Menschen, ihre Politiker und Staaten sich auf das besinnen, was sie gerade *nicht* von anderen Menschen und Kulturen unterscheidet, sondern auf das, was wir alle *teilen*: die fragile Existenz auf einem Planeten, der sich, durch Menschenwerk verursacht, rasant verändert zur Unwirtlichkeit für unsere Spezies.

All das hat wichtige Folgen für die Hierarchie unserer Werte. Nähmen wir die Realität ernst, so stünde im Mittelpunkt unseres Wertebewusstseins zum ersten

Mal in der Menschheitsgeschichte das Überleben auf einem in jeder Hinsicht immer enger geteilten Planeten. Und wie klein und unbedeutend würde aus solcher Realperspektive das, was uns trennt – Grenzen, Sprachen, Religionen, Sitten, Normen, Herrschaftsformen und Gebräuche –, gegenüber dem, was wir miteinander teilen. All dies gießt keinen Zuckerguss über das aus, was uns heute zu Recht außenpolitisch beschäftigt, die vielen Konflikte in der Welt, Kriege und Bürgerkriege, Revolten und Massaker, die unsere hohe Aufmerksamkeit verlangen. Und doch ändern all diese überkommenen, gleichsam »altmodischen« Konflikte nichts an der genannten realpolitischen Hierarchie der Menschheitskrisen.

Kein Zweifel: Der Blick auf das große Ganze ist ungeübt und ein Paradigmenwechsel, der weder in der linken noch gar in der rechten Politik verfängt. In der linken nicht, weil ihr erschöpfender Verbrauch an Moral gegenwärtig weder Aufschub noch Kompromisse in der Frage von Erste-Welt-Problemen duldet; und in der rechten nicht, weil »rechts« zu sein naturgegeben das Wohl des eigenen Landes über die Probleme der Welt stellt, nicht wahrhaben wollend, dass die Probleme der Welt uns am Ende erschlagen werden, solange wir so denken. Gemeinsam hingegen ist dem gesamten politischen Spektrum, um nichts in der Welt darauf verzichten zu wollen, sich selbst unhinterfragt für die »Guten« zu halten. In diesem Punkt gibt es zwischen links und rechts keinen Unterschied. Denn reißt uns dieser Perspektivwechsel nicht aus unserem *westlichen Schlummer*, der niemals zu der Erkenntnis erwachen darf, dass das objektiv größte Risiko für die Menschheit nichts anderes ist als das: unsere Art zu leben?

Wie kann es sein, dass ausgerechnet wir, die wir mit unseren Werten der Aufklärung doch die »Guten« sind, langfristig und alles in allem das mutmaßlich größte Unheil in der Welt anrichten? Diesen Schleier zu lüften und sich schonungslos ehrlich zu machen, ist offensichtlich kaum zumutbar. War es nicht schon schwer genug gewesen, sich in der zweiten Hälfte des 20. Jahrhunderts einzugestehen, dass der Wohlstand der westlichen Industrienationen nicht nur auf unserer Tüchtigkeit, sondern auch auf der Ausbeutung der damals sogenannten Dritten Welt beruhte? Immerhin hatte sich dagegen anführen lassen, dass diese »Dritte Welt« ja doch auch von den Industrieländern profitierte, zumindest einige in ihr. Die hauptsächlich von den Wohlstandsländern verursachte Klimakatastrophe mit ihren verheerenden Folgen vor allem für den globalen Süden hingegen nötigt uns einen noch viel unbestechlicheren Blick auf uns selbst ab. Und dieser fällt auch im so gut informierten 21. Jahrhundert nicht leicht, liegt er doch weitab von dem, als was sich die westlichen Industrieländer stets selbst wahrgenommen haben und gerade heute wieder zu gerne wahrnehmen: als gleichsam zeitlose Vorbilder in der Geschichte.

III.

Warum die Geschichte nicht zu Ende ist

Francis Fukuyama ist ein charmanter und sympathischer Mensch. Und die These, die ihn berühmt machte, hat er schon oft widerrufen, nicht zuletzt in einem Fernsehgespräch, das wir beide führten.[8] Es ist jene Rede vom »Ende der Geschichte«, mit der der US-amerikanische Politologe Anfang der Neunzigerjahre nahezu schlagartig berühmt wurde. So hatte Fukuyama 1992 gemeint, dass »die liberale Demokratie möglicherweise ›den Endpunkt der ideologischen Evolution der Menschheit‹ und die ›endgültige menschliche Regierungsform‹ darstellt. Sie wäre demnach ›das Ende der Geschichte‹. Während frühere Regierungsformen schwere Mängel und irrationale Züge aufwiesen, die schließlich zu ihrem Zusammenbruch führten, ist die liberale Demokratie bemerkenswert frei von solchen fundamentalen inneren Widersprüchen«.[9]

Keiner dieser Sätze geht Fukuyama – und mit ihm

den meisten, die sich mit der Frage beschäftigen – heute noch glatt über die Lippen. Weisen Demokratien keine Mängel und keine irrationalen Züge auf? Man denke hier stellvertretend an Donald Trump und an die gewaltige Renaissance rechter Kräfte in Europa. Man denke an die anschwellende Kritik an den liberalen Demokratien in Westeuropa durch eine gegenwärtig stark anwachsende Zahl von Bürgern. Man denke an die Rolle der etablierten Massenmedien, die unter dem Druck der Direktmedien Abweichungen von der als solche ausgegebenen gesellschaftlichen Mitte oft heftig brandmarken und anprangern und vielfach vom Journalismus zum Aktivismus übergehen. Und man denke an den damit einhergehenden von ungezählten Meinungsforschungsinstituten diagnostizierten Vertrauensverlust sowohl in die Politik als auch in die Leitmedien mit gefährlichen Folgen für die Stabilität und den Zusammenhalt der Gesellschaften. Die Zahl der Menschen wächst, die sich die Frage stellen: Wie weit darf Freiheit durch informelle Verengung des zulässigen Meinungsspektrums verengt werden?

Nein, frei von inneren Widersprüchen sind die zu Anfang des 21. Jahrhunderts schwer unter Druck geratenen liberalen Demokratien gewiss nicht. Dem kurzen berauschenden Frühling der liberalen Demokratie nach dem Zusammenbruch des sich als Kommunismus selbst missverstehenden Staatskapitalismus in Osteuropa war die gefährliche Dürre des Neoliberalismus gefolgt; ein politischer Klimawandel mit weitreichenden Folgen. Denn stehen wir nicht heute innenpolitisch vor einem Herbst der Unwetter und Wirbelstürme? Was vor einem Jahrzehnt noch unverrückbar und stabil erschien, scheint heute nicht mehr auf Ewigkeit feststehend zu sein. Und der von Fukuyama festgelegte Endpunkt der Evolution könnte möglicherweise nur ein Zwischenstadium sein. Die klimatischen Voraussetzungen, die liberale Demokratien blühen lassen, sind hoch anspruchsvoll, und ein weltpolitischer Klimawandel bringt sie viel leichter ins Trudeln, als sie sich das ihrem Selbstverständnis nach bislang hatten träumen lassen. Kein Wunder, dass auch Fukuyama im Februar 2017 einräumen musste: »Vor 25 Jahren hatte ich weder ein Gespür dafür noch eine Theorie davon, wie Demokratien sich rückwärts entwickeln können. Und ich denke, dass sie das ganz klar können.«[10]

Und doch ist es nicht in erster Linie die innenpolitische Entwicklung der liberalen Demokratien, die Fukuyamas Rede vom Ende der Geschichte heute so anachronistisch erscheinen lässt. Gemeint war ja nicht nur, dass liberale Demokratien, dort, wo sie existieren, der Endpunkt der geschichtlichen Entwicklung der Menschheit seien; sondern dass sie über kurz oder lang zur überzeugenden Blaupause für jeden Staat auf der Erde werden würden. Das stärkste Argument dafür war ihre Wirtschaftskraft. Die Implosion der politischen und wirtschaftlichen Systemarchitektur in Osteuropa nach dem Mauerfall in der DDR schien eine unmissverständliche Botschaft in sich zu tragen: Das kapitalistische Wirtschaften, allen voran sein Update als freie und soziale Marktwirtschaft, ist jedem anderen Wirtschaftssystem haushoch überlegen. Planwirtschaft dagegen ist nicht nur ineffizient, sondern der menschlichen Natur widersprechend. Nur der Kapitalismus entfaltet die kreative Energie des Menschen und führt zu hocheffektivem Wirtschaften. Und nur kapitalistische Wirtschaftssysteme mit freien Märkten ermöglichen die sofortige Fehlerkorrektur durch Anpassung an den Markt, deren Mangel Planwirtschaften ins Leere laufen lässt. Ein solches liberales Wirtschaften aber sei einzig und allein in parlamentarischen Demokratien möglich, in Staaten, die die Wirtschaft zwar sanft moderieren, sie aber nicht leiten und lenken; in Staaten zugleich, die ein hohes Maß an Presse- und Meinungsfreiheit zulassen und deren Rechtsstaat die Rechte jedes einzelnen Bürgers bestmöglich schützt.

Für einen Wimpernschlag der Geschichte schien damit bewiesen, was in den Zeiten des Kalten Krieges zuvor nur rhetorisches Selbstverständnis, mithin eine plausible Vermutung gewesen war: Liberale Demokratien sind die erfolgreichste Staats- und Wirtschaftsform der Geschichte. Unter den Tisch fiel dabei, dass das römische Imperium viele Hundert Jahre in Blüte stand, ohne eine liberale Demokratie gewesen zu sein, nicht anders als das chinesische Kaiserreich von seinen Anfängen bis zur Ming-Dynastie. Verglichen damit ist die Herrschaft liberaler Demokratien eine bislang recht kurze Episode. Aber hätte sie nicht gleichwohl das versöhnliche Ende der gesellschaftlichen Evolution sein können?

Tatsächlich kennt die Evolution, die biologische wie die kulturelle, keinen Endpunkt – weder in der Naturgeschichte noch in der Menschheitsgeschichte. Den Menschen als Endpunkt zu sehen, ist schlechte Metaphysik. Man erfindet ein Fundament und allgemeine Strukturen, Gesetze und Zwecksetzungen, die beweisen sollen, dass das, was nicht notwendig ist, zwangsläufig, und was flüchtig ist, von Ewigkeit umhaucht sein soll. Nicht anders dürfte es um die liberalen Demokratien als vermeintlichen Endpunkt bestellt sein. Sie mögen aus der Sicht vieler, die in ihnen leben, mit sehr überzeugenden Argumenten wünschens- und erhaltenswert sein. Doch kein evolutionäres Telos und kein Engel der Geschichte garantieren ihren Ewigkeitswert. Und so gilt auch für Fukuyama, was Siegfried Kracauer in den Sechzigerjahren über jede Interpretation der Geschichte sagte: »Wann immer in Mikro-Analyse gewonnene Details in die Makro-Dimension transportiert werden, kommen sie dort oben leicht beschädigt an.«[11]

Nicht anders war es bereits Georg Wilhelm Friedrich Hegel ergangen, von dem die Formel vom »Ende der Geschichte« stammt. Für Hegel war die Geschichte zu Ende gegangen, indem er sie zu Ende schrieb. Der sanft aufgeklärte preußische Obrigkeitsstaat Friedrich Wilhelms III. sollte für den schwäbischen Philosophen an der Berliner Universität das sein, was die liberalen Demokratien für Fukuyama sein sollten: die beste und damit letztendliche Version dessen, wie Menschen auf staatlicher Ebene organisiert sein können, und zwar sowohl politisch als auch ökonomisch und moralisch. Und wie Fukuyama, so hatte auch Hegel noch zu Lebzeiten erfahren müssen, wie die Geschichte den Ewigkeitswert seiner Behauptung zerzauste. Politik, Ökonomie und Moral verfügen über Eigengesetzlichkeiten, die sich nur über kurze Zeit in vergleichsweiser Harmonie zueinander befinden. Schon die geringsten Erschütterungen lassen sie auseinanderstäuben wie erschrockene Pferde. Die Rösser am Seelenwagen des Staates, um dieses berühmte Bild Platons ins Politische zu übertragen, können augenscheinlich nicht auf Ewigkeit im Gleichschritt gezügelt und gebändigt werden.

Die kleinste Unebenheit auf dem politischen Terrain lässt den Wagen holpern, und Affekt und Begehren schaukeln ihn hin und her.

Diese Unebenheiten, die die von ehemals ruhiger Hand gelenkten Pferde aufbäumen lassen, sind heute der relative Abstieg und der zunehmende Bedeutungsverlust der westlichen Industriestaaten auf dem Globus. Die Selbstgewissheit des Exklusivbesitzes an der optimalen Bauanleitung politisch und wirtschaftlich erfolgreichen Handelns ist einer Verstörung gewichen. Die geopolitische Plattentektonik verschiebt sich gegenwärtig in historisch atemberaubend kurzer Zeit. Die asiatische Platte gewinnt wirtschaftlich an Gewicht, die europäische und die US-amerikanische verlieren relativ dazu in gleichem Maße. Verstörend für die politischen und wirtschaftlichen Hegemonialmächte von einst, fordert die Mehrheit der Menschen auf dem Globus nicht nur ihr Recht auf die auf der Erdkugel verfügbaren Ressourcen des Wohlstands, sondern immer stärker auch ihre Beteiligung an weltpolitischen Entscheidungen.

Das wirtschaftlich mit Abstand stärkste Land Asiens aber ist leider keine liberale Demokratie. Und doch hat kein anderer Staat in den letzten Jahrzehnten ein in der Summe so beeindruckendes Wirtschaftswachstum erlebt wie China. Dass autoritär gelenkte Staaten keinen dauerhaften wirtschaftlichen Erfolg haben können, ist damit weithin sichtbar widerlegt. Für das eurozentrische Selbstverständnis, dem Fukuyama noch weit mehr geschmeichelt hatte als jenem der USA, ist dieser Befund nicht nichts. Für den US-Politologen waren es gerade die Europäer, in deren politischen Systemen die Werte der Aufklärung bestmöglich zu ihrem Recht gekommen waren: »Der Versuch der EU, Staatssouveränität und traditionelle Machtpolitik in transnationale Rechtsstaatlichkeit zu transzendieren, entspricht weit mehr einer ›post-historischen‹ Welt als der fortbestehende Glaube der US-Amerikaner an Gott, nationale Souveränität und ihr Militär.«[12]

Doch dass die universellen Werte der Aufklärung untrennbar Hand in Hand gehen mit wirtschaftlichem Fortschritt, ist heute keineswegs mehr fraglos. Beflügelt das eine tatsächlich ganz unweigerlich das andere – und umgekehrt? Man schaue nur auf die jüngsten Entwicklungen in Frankreich, Großbritannien, den Niederlanden und auch in Deutschland. Am gleichen festen Zügel geführt werden konnten die Rosse auch in Westeuropa offensichtlich nur deshalb, weil ein fast durchgängiges Wirtschaftswachstum die Gesellschaften innenpolitisch weitgehend friedlich hielt.

Soziale Erschütterungen, etwa durch rasant anwachsende materielle Ungleichheit oder Migrationswellen, zeigen erschreckend deutlich, wie jene vorbildlichen universellen Werte der Gleichheit und Brüderlichkeit fast im Handumdrehen der Identitätspolitik geopfert werden können – und zwar sowohl von rechts (Nation, Volk, Rasse) als auch – wenn auch auf andere Weise und in anderem Maße – von links (Geschlecht, Alter, Minderheiten). In beiden Fällen droht die Zugehörigkeit zu einer Gruppe wichtiger zu werden als der universelle moralische Gleichheitsgrundsatz. Menschen zerfallen dabei in Täter und Opfer, WIR und DIE, die Guten und die Schlechten. Und die Moral arbeitet zumeist nicht versöhnlich auf Ausgleich hin, sondern abgrenzend und spaltend. So lässt sich annehmen, dass die transzendentale Obdachlosigkeit, die Immanuel Kants Himmel der würdevollen Gleichheit aller Menschen uns zumutet, mehrheitlich wohl nur unter der Bedingung stets wachsenden Konsums durchgestanden wird. Bereits geringste Irritationen des Wohlstandswachstums führen offensichtlich zum Bedürfnis nach lokalem Unterschlupf. Und schon sucht man sich eine gut gepanzerte Behausung bei einer als moralisch überlegen behaupteten Gruppe.

Die Renaissance der Identitätspolitik quer über den Globus – man denke hier besonders an Indien, an die Türkei, an Ungarn, an Russland, an die politische Rechte in Italien, in Frankreich, in den Niederlanden, in Dänemark und Schweden und eben auch mehr und mehr in Deutschland – ist ohne Zweifel eine Enttäuschung. Hatte man nicht davon geträumt, dass neben der Globalisierung die Digitalisierung die Welt zu einem *global* und *digital village* gut vernetzter und entsprechend friedvoller Nachbarn machen würde? Die Hoffnung ging, wie der britische Politologe Mark Leonard schreibt, darauf, »Menschen durch Handel, Investitionen und internationale Institutionen miteinander zu verbinden, die Spannungen abbauen und Frieden schaffen würden«.[13] Vor allem das Internet sowie die weltweite digitale Vernetzung sollten einen entsprechenden Beitrag dazu leisten. Stattdessen, so Leonard, hätten sich die Spannungen aber erhöht. Trollfabriken, Cyberangriffe, Desinformationskampagnen und der Kampf um die Deutungshoheit des Weltgeschehens in den sozialen Netzwerken belehrten unmissverständlich darüber, dass der Traum ausgeträumt ist. Statt die Konfrontation nationaler Interessen und identitätspolitischer Selbstbehauptungen zu verringern, habe die moderne Technik lediglich zusätzliche Kriegsschauplätze geschaffen.

Was Leonard ausschließlich außenpolitisch beschreibt, lässt sich allerdings genauso gut oder schlecht innenpolitisch feststellen. Weder die Informationsfülle des Internets noch der Austausch in sozialen Netzwerken haben die westlichen Industriegesellschaften untereinander fried- und verständnisvoller gemacht. Stattdessen scheinen sich die innenpolitischen Spannungen ständig zu erhöhen. Dauererregungsschleifen ersetzen den wohlmeinenden Austausch oder Streit. Und statt das wechselseitige Vertrauen ineinander zu fördern, potenziert sich das gesellschaftliche Misstrauen mit einem gewaltigen Absturz bei den Vertrauenswerten der etablierten Leitmedien und der Politik.

Die Folgen sind fatal. Die liberalen Demokratien zeigen sich heute wesentlich fragiler, als ein historischer Endpunkt es sein dürfte. Allerdings hatte sich Fukuyama auch schon zuvor fragen lassen müssen, wie sein krönender Abschluss der Geschichte politischer Systeme glanzvoll sein sollte, solange er nach wie vor der Ausbeutung von Menschen in der ganzen Welt bedurfte und die reichen liberalen Demokratien es nicht zustande brachten, Millionen Menschen im globalen Süden vor dem Hungertod zu bewahren. Gar nicht zu reden von dem im vorangegangenen Abschnitt aufgezeigten enormen Raubbau an den natürlichen Lebensgrundlagen aller Menschen auf der Erde. Dass der, laut Fukuyama, mit sich selbst ins Reine gekommene Leviathan, als den Thomas Hobbes zu Anfang der Aufklärung den modernen Staat projektiert hat, ein brandgefährliches gefräßiges Monster gegenüber der Natur ist, kam dem Apostel einer liberalen Eschatologie im

Angesicht des Sieges über den Kommunismus gar nicht in den Sinn.

Dabei lag der Gedanke schon damals nicht fern. Man konnte es nämlich auch so sehen wie Ulrich Beck im selben Jahr 1991, in dem Fukuyama vom Ende der Geschichte schrieb. Der Zusammenbruch der Sowjetunion, so meinte der Soziologe, sei vielleicht nur ein Vorspiel. Könnte es nicht sein, dass der Kollaps des Stalinismus jenem des ökologischen Gefahrenindustrialismus in den kapitalistischen Ländern einfach nur vorausgehen würde?[14] Was soll, planetarisch betrachtet, schon so unendlich wichtig am Unterschied beider Systeme gewesen sein, so lässt sich Becks Gedanke einen Schritt weiterführen, wenn beide via unbegrenzter Wachstumsideologie auf Untergang programmiert waren und sind?

Trotz aller Augurenrufe, Selbstkritik ist bekanntlich nicht die Sache der Sieger. Fukuyamas vermeintliches Ende der Geschichte schmeichelte dem Selbstverständnis der Gewinner des Kalten Krieges ungemein, wo Beck es mit Nadelstichen irritierte. Nicht überraschend, welche Perspektive sich durchsetzte. Und so ist es auch heute nicht der drohende Ökokollaps durch den Lebensstil der Überflussgesellschaften, sondern vor allem anderen der wirtschaftliche Aufstieg Chinas, der die so gerne geglaubte These vom Ende der Geschichte durch den Sieg der liberalen Demokratien gründlich verhagelt.

Dass der Kapitalismus keine liberale Demokratie benötigt, um erfolgreich zu sein, hätte eigentlich gar nicht erst des Beispiels China bedurft. Auch die Golfstaaten der arabischen Welt sind seit Jahrzehnten wirtschaftlich äußerst prosperierend, obgleich sie allesamt lupenreine Autokratien sind, als Erbmonarchien sogar noch autokratischer als China. Bezeichnenderweise wurden sie von den westlichen Industriestaaten gleichwohl nicht als Antagonisten, als feindliche Gegenspieler im Welttheater wahrgenommen, sondern vor allem als gute Handelspartner, Öl- und Gaslieferanten und dankbare Absatzmärkte. Und dass, obgleich Staaten wie Saudi-Arabien oder Katar in ganz großem Stil Einfluss auf die europäische Wirtschaft nehmen, auf Automobilkonzerne, Fluggesellschaften, Medienhäuser mit Buchverlagen und Fernsehsendern, die Immobilienwirtschaft und nicht zuletzt auf den Fußball.

Vom unaufhaltsamen Siegeszug liberaler Demokratien kann also heute kaum mehr die Rede sein. Zu den traditionellen erfolgreichen liberal-demokratischen Staaten ist sichtbar ein ganzer Zoo an Staatsformen getreten, der vor allem von Hybriden bevölkert wird. Schaut man sich das Tableau der Länder an, die gegenwärtig auf den Weltmärkten konkurrieren, so finden sich dort neben liberalen Demokratien und Autokratien vor allem Anokratien; Staaten, in denen zwar gewählt wird, die tatsächliche Macht aber in der undemokratischen und unsichtbaren Hand informeller Regenten wie Geheimdiensten, Clans und Militärs liegt. Ergänzt werden sie durch Oligarchien, Plutokratien und vieles mehr. Das 20. und das 21. Jahrhundert haben die Palette der weltpolitisch relevanten Herrschaftsformen stark diversifiziert. Mehr als die Hälfte des globalen Wirtschaftswachstums wurde, nach Prognose des Internationalen Währungsfonds, 2023 in China und Indien erzeugt, in Staaten, die nicht in den erlesenen Club vorbildlicher liberaler Demokratien gehören.[15] Im Demokratie-Ranking der Nationen liegt Indien auf Rang 84 (eingestuft als hybrides Regime) und China auf Rang 164 (harte Diktatur).[16] Und auch die nahezu autokratisch geführte Präsidialdemokratie Indonesien ist keine Musterdemokratie nach Fukuyamas Gusto und entwickelt sich derzeit wieder eher in die gegenteilige Richtung. Im Demokratie-Ranking findet sie sich im Umfeld des Nigers, Ungarns und Albaniens wieder.[17]

Die schlichte Zweiteilung der Welt in Demokratien und Diktaturen ist damit ebenso überholt wie jede andere simple Schablonisierung von Schwarz und Weiß. Das Gleiche gilt leider für den von Fukuyama diagnostizierten evolutionären Drift vom einen zum anderen und damit vom Schlechten zum Guten. Statt eines einzigen evolutionären Strangs offenbart der unverstellte Blick auf die Realität viele verschiedene. Evolutionäre Linien verlaufen nicht nur von der Diktatur zur Demokratie, sondern mitunter auch umgekehrt, oder sie bringen die vielen Hybriden hervor. Gewiss gibt es für deren Aufstieg viele Gründe, von denen nicht alle nach Nachahmung schreien. Da sind nicht erschöpfte Binnenmärkte mit großem Aufholbedarf, erfolgshungrige Bevölkerungen, geringe bürokratische und juristische Hürden, eine rigide Exekutivgewalt, niedrige Löhne und oft nur rudimentäre oder gar keine Sozialsysteme. Doch was auch immer den Erfolg jenseits liberaler Demokratien ausmacht, deren genuine und zwingende evolutionäre Überlegenheit zu behaupten, wird angesichts der realen Entwicklung augenscheinlich mehr und mehr zum Selbstbetrug.

»Die Grenze zwischen Demokratie und Autoritarismus ist die am wenigsten bewachte Grenze der Welt.« Und »wir können zwar leicht sagen, was eine Autokratie ist, aber wir sind nicht sicher, ob wir sie erkennen, wenn wir sie sehen«, meinte der bulgarische Politologe Ivan Krastev im Gespräch mit mir.[18] Was einerseits irritierend und desillusionierend ist, offenbart andererseits eine interessante philosophische Dimension. Es schärft den Blick darauf, warum es in der Vergangenheit zu einer solchen Fehldiagnose kommen konnte. Welche Entwicklungslinien wurden von Fukuyama und vielen anderen übersehen und welche Zusammenhänge nicht verstanden? Wo trügte die Selbstgewissheit? Welche aus dem Blick verlorenen Prozesse waren gleichwohl wirkungsmächtig? Und welchem bislang Namenlosen sollte man heute zureichende Namen geben? Diese Fragen zu stellen, ist kein Selbstzweck, keine philosophische Fingerübung. Es ist nicht weniger als die Voraussetzung dafür, um das, was uns in den westlichen Industrieländern aus guten Gründen als hohe moralische wie kulturelle Errungenschaft gilt, unter veränderten Vorzeichen weiterhin geltend machen zu können.

Der aus heutiger Sicht auffälligste blinde Fleck der These vom Ende der Geschichte durch demokratischen Fortschritt nach westlichem Muster ist die fast völlige Gleichgültigkeit gegenüber Religionen, Traditionen, Mentalitäten und Identitäten. So wie Hegel, der kaum aus Deutschland herausgekommen war, im Preußen seiner Zeit den Weltgeist walten und die Geschichte ihrem vernünftigen Ende zugeführt sehen konnte, ohne überhaupt eine andere Geschichte zu kennen als die europäische, so auch Fukuyama. Dass der weltgewandte Sohn einer Einwandererfamilie aus Japan gerade die asiatischen Traditionen und Mentalitäten so leichtfertig aus der Geschichte gepustet sehen konnte, hinweggeweht von einer sehr europäischen Vorstellung des Begriffs der »Vernunft«, kann eigentlich nur verblüffen. Zu wenig Idealismus macht blind für die Dynamik der Geschichte, zu viel Idealismus aber auch.

So führt kein Weg daran vorbei: Unsere Zeit braucht eine neue und bessere Antwort auf die Frage nach der Zukunft der Weltgesellschaft als jene Fukuyamas. Zu groß sind die Umwälzungen, die derzeit die Wirtschaft und die Kultur umpflügen, auf die menschliche Zivilisation als Ganze gerechnet sogar die größten, die Menschen jemals erlebt haben. Die digitale Revolution mit dem zweiten Maschinenzeitalter der künstlichen Intelligenz verändert nicht nur unsere Arbeitsgesellschaften, sondern auch unsere Lebensweise bis hin zum menschlichen Selbstbild. Die Nachhaltigkeitsrevolution steht vor der Herkulesaufgabe, den bisherigen Gefahrenindustrialismus global über alle Ländergrenzen und Weltanschauungen hinweg zu transformieren. Die mit der Globalisierung der Wirtschaft und der Information folgende Migration fordert das nationale Selbstverständnis vieler Menschen in den westlichen Industrieländern heraus und konfrontiert diese Gesellschaften mit Präventions- und Integrationsaufgaben, für die sie bislang kaum gangbare Wege wissen. Und die geopolitische Revolution, die mit dem Aufstieg Asiens begonnen hat und möglicherweise bis zum Aufstieg Afrikas führt, nötigt den bisherigen Hegemonialmächten ein neues Selbstbild und eine kooperative Rolle ab, die sich auch mit noch so viel Trotz nicht wird vermeiden lassen.

Statt mit einer monopolaren Weltordnung unter der Hegemonie der USA werden wir es mehr und mehr mit einer multipolaren Weltordnung zu tun haben. Die Pax Americana, bei der mit den Vereinigten Staaten ein einziges Land nach eigenem Gusto über Recht und Unrecht, Krieg und Frieden in der Welt entschied, neigt sich dem Ende zu. Die Aufsteiger vor allem aus Asien, aber mit ihnen auch jene aus Südamerika und Afrika, behaupten sich zunehmend mit eigenen Sichtweisen gegen die Etablierten im Fahrwasser der USA. So etwa fordern die um sechs neue Länder erweiterten BRICS-Staaten, in den Worten von Südafrikas Staatspräsident Cyril Ramaphosa, im Angesicht einer sich verändernden Welt eine »grundlegende Reform« der Weltordnungspolitik. Diese könne nicht weiter von wenigen Staaten dominiert werden. »Neue Realitäten erfordern eine grundlegende Reform der Institutionen der Weltordnungspolitik, damit sie repräsentativer werden und besser auf die Herausforderungen reagieren können, vor denen die Menschheit steht.«[19] So strebt die Allianz aus Brasilien, Russland, Indien, China, Südafrika und demnächst wohl auch den Vereinigten Arabischen

Emiraten, dem Iran, Saudi-Arabien, Ägypten und Äthiopien danach, den westlichen Industrieländern künftig ein Gegengewicht gegenüberzustellen. Die Abhängigkeit vom US-Dollar als Leitwährung soll verringert, die eigene Stimme in der Welt verstärkt werden.

Wer hier seine Stimme erhebt, ist mit den neu dazustoßenden Ländern nicht weniger als fast die Hälfte der Weltbevölkerung. Wie sollen die Etablierten darauf reagieren? Welche Reaktion ist unter vielen denkbaren die angemessenste und die beste im Sinne jener acht Milliarden Menschen, die heute die Erde bewohnen? Man wird nicht behaupten können, dass diese Frage derzeit allzu offen und differenziert diskutiert wird. Angesprochen wird die Frage, ob sensible Technologien, die westliche Sicherheitsinteressen berühren können, nach China verkauft werden dürfen. Überlegt wird, wie man China vielleicht doch noch den Rang ablaufen könnte beim Zugriff auf wichtige Bodenschätze in Afrika und Südamerika. Diskutiert wird, ob und wie man China dafür abstrafen könnte, dass es den russischen Angriff auf die Ukraine anders bewertet als die USA und die EU und offensichtlich weder an einem militärischen Sieg der Ukraine noch an einem der Russen interessiert ist, wobei China nicht zuletzt an seine eigenen wirtschaftlichen Interessen in der Ukraine denkt.

Doch all diese Überlegungen der westlichen Industrieländer folgen nach wie vor nur lang tradierten Mustern. Der gute und starke Westen, der die Weltordnung kontrolliert, kann sich ein bestimmtes Verhalten »nicht bieten lassen«. Und dahinter steht ohne Zweifel noch die etablierte Vorstellung, dass es dieser Westen ist, der die Spielregeln bestimmt, weil er der Stärkste ist und glücklicherweise zugleich auch unhinterfragt der Gute. Insofern übertragen wir noch immer das alte überkommene Schema auf die neue Situation. Und wir reagieren zunehmend trotziger, gereizt und empört: Warum halten sich die Chinesen nicht an einen Weltenlauf, den wir uns mit Fukuyama so schön ausgemalt haben? Wer in den drei Jahrzehnten nach dem Mauerfall gelebt, gefühlt und gedacht hat, als hätte man das Patent auf den globalen Sieg gegenüber allen anderen politischen Systemen, tut sich sichtbar sehr schwer damit, seinen Kompass neu zu justieren. Dass die USA und Europa den Weltenlauf nicht nur nicht vorhersagen, sondern auch nicht mehr bestimmen können, ist noch lange nicht ins feine Gespinst unseres Bewusstseins vorgedrungen. Zudem winken hier kein Glücksgefühl und keine Bestätigung, sondern die narzisstische Kränkung, dass das westliche Vorbild, so viel aus unserer Sicht auch dafürsprechen mag, die Welt nicht zu einem gesegneten Ort machen wird.

Zu der ersten kognitiven Dissonanz, dass wir als Haupttreiber der Klimakatastrophe uns nicht weiter ungetrübt für die Guten halten können, kommt nun also eine zweite. Wir haben uns nach dem Mauerfall etwas vorgemacht und erwachen nun aus einer Traumwelt, in der wir, die Guten, alle anderen damit anstecken, genauso sein zu wollen wie wir. Diese zweite kognitive Dissonanz zwingt uns dazu, neu über unsere Schablonen nachzudenken, mit denen wir bisher geurteilt haben. Gewiss, China ist eine Personen- und Parteiendiktatur, die den Rechtstaat jederzeit aushebeln kann, und mit einer großen Zahl an Menschenrechtsverletzungen; aber in wenigen Jahrzehnten über 600 Millionen Menschen aus bitterster Armut befreit zu haben, ist zugleich eine humanitäre Leistung, die global ihresgleichen sucht. Und wie werden die USA und Europa dastehen, wenn das autoritäre China ihnen künftig in der Umwelt- und Klimapolitik, den größten Problemen der Menschen auf der Erde, zeigt, wie man es schneller und besser macht?

Verlässt man die einfachen Denkbehausungen, und hinterfragt man seine Schablonen, so wird Moral eine sehr komplizierte Sache. Doch solche Irritationen erregen, im Kleinen wie im Großen, selten eine Neubesinnung, sondern, wie die Sozialpsychologie lehrt, viel häufiger Widerstand und Trotz: Wenn die Geschichte schon nicht auf unserer Seite ist, dann hilft halt nur militärische Überlegenheit. Das globale Wettrüsten der Groß- wie der Aufsteigermächte (bereits lange vor dem russischen Überfall auf die Ukraine) spricht hier eine erschreckend deutliche Sprache.

Doch je stärker Trotz und Widerstand gegen die sich verändernde Weltordnung ausfallen, umso mehr erweist sich das diagnostizierte Ende der Geschichte im Nachhinein nicht als eine distanzierte wissenschaftliche Beobachtung, sondern als eine interessengeleitete Wunschvorstellung. Die liberalen Demokratien haben nämlich, ihrem Selbstverständnis nach, auch dann im Spektrum politischer Systeme zu siegen, wenn die Dialektik der Geschichte *nicht* auf ihrer Seite sein sollte. Das Gefühl der westlichen Industrieländer, allen anderen Staaten dauerhaft überlegen zu sein, hat eine Tradition, die älter ist als ihre demokratische Geschichte. Der Siegeszug der Aufklärung im Zuge der ersten industriellen Revolution hatte diese Selbstgewissheit philosophisch untermauert in Form einer westlichen Identitätspolitik. Wer wirtschaftlich dermaßen überlegen ist, der muss schlichtweg mit Gott oder der Natur im Bunde sein. So konnte Immanuel Kant, der die Würde und die Menschenpflichten aller Menschen postulierte, zwar innenpolitisch bedeutsam werden – das Grundgesetz beginnt mit der Unantastbarkeit der Menschenwürde –, im Hinblick auf das außenpolitische Selbstverständnis der westeuropäischen Staaten hingegen obsiegten Denker wie John Locke, die, in dieser Reihenfolge, die englische und die westeuropäische Kultur allen anderen für überlegen hielten. Der Kolonialismus und Rassismus vermeintlich aufgeklärter Staaten vom 17. bis ins 20. Jahrhundert spricht hier leider eine überdeutliche Sprache.

Dass es in der Frage der politischen Systeme nur ein einziges Richtiges geben kann, ja, dass sich politische Systeme überhaupt ganz grundsätzlich immer in Konkurrenz zueinander befinden, ist somit typisch für die Tradition der westlichen Industrieländer. In Asien beispielsweise, wo sich China, Indonesien, Australien, Japan, Neuseeland, Brunei, Myanmar und Südkorea gemeinsam zur größten Freihandelszone (RCEP) der Welt vereinigen, gibt es dieses Denken in gleichem Maße nicht. Und auch die völlig unterschiedlich regierten afrikanischen Staaten nehmen einander nicht als systemische Konkurrenten wahr. Doch was die liberale Demokratie anbelangt, stehen die westlichen Industrieländer, wie es derzeit scheint, noch immer in ihrer monotheistischen Tradition. Aus religiösen Wurzeln entwachsen, ist die Suprematie augenscheinlich ein wichtiger Baustein im Selbstverständnis, auch wenn sie, mangels Frömmigkeit, inzwischen säkularisiert ist zu »westlichen Werten«. So wie es nur *einen* Gott geben kann, so nur ein einziges ideales mehr oder weniger göttlich gewolltes System – die liberale Demokratie. Und wer sein Staatswesen anders organisiert, der irrt vor der Geschichte. Wer dagegen als liberaler Demokrat mit der Humanität schlechthin im Bunde ist, der kann im Grunde nicht irren, sondern steht unhinterfragt immer und überall auf der richtigen Seite, ganz gleich, was er tut.

Man fragt sich, wie diese Haltung so lange erhalten bleiben konnte, wo sich westliche Gesellschaften wie die Bundesrepublik Deutschland doch innenpolitisch zunehmend sensibilisierten? Wo traditionelle Herrschaftsansprüche, etwa jener des Patriarchats, jene der Kirche oder jene einer vermeintlich überlegenen »weißen« Kultur erfolgreich bekämpft wurden und die tradierten Denkschablonen aufbrachen? Die Antwort dürfte vielschichtig sein. So kann man fragen, wie eigenständig und unabhängig die deutsche Außenpolitik seit den Tagen des Adenauer-Staats eigentlich gewesen ist. Sieht man von der Regierungszeit Gerhard Schröders ab, der sich weigerte, mit den USA in den Krieg gegen den Irak zu ziehen, war Deutschland, anders als etwa die Franzosen, für die Vereinigten Staaten stets ein pflegeleichter Bündnispartner, der sich mit Kritik am Hegemon auffällig zurückhielt. Wichtiger aber noch scheint zu sein, dass die stillschweigende Überlegenheitshaltung in den letzten Jahrzehnten vor allem deshalb erhalten blieb und sich zuletzt sogar verstärken konnte, weil sie weitgehend risikolos war. Was sollte den Europäern im Windschatten der USA, der erfolgreichsten wirtschaftlichen und politischen Macht, schon passieren? Erst jetzt macht das Jahrhundert multipler Großmächte diese Selbstüberzeugung zunehmend schwierig. Die Nachricht vom allmählichen Ende der US-amerikanischen Hegemonie wird damit sowohl zur wirtschaftlichen und politischen Herausforderung als auch zur philosophischen. Wie verhindern wir, nicht zuletzt aufgrund einer unzeitgemäßen Geisteshaltung, an dieser Aufgabe zu scheitern?

IV.

Woran Gesellschaften scheitern

»Die gesamte Geschichte, unabhängig von Zeit und Ort, durchzieht das Phänomen, dass Regierungen eine Politik betreiben, die den eigenen Interessen zuwiderläuft. In der Regierungskunst, so scheint es, bleiben die Leistungen der Menschheit weit hinter dem zurück, was sie auf fast allen anderen Gebieten vollbracht hat. Weisheit, die man definieren könnte als den Gebrauch der Urteilskraft auf der Grundlage von Erfahrung, gesundem Menschenverstand und verfügbaren Informationen, kommt in dieser Sphäre weniger zur Geltung, und ihre Wirkung wird häufiger vereitelt, als es wünschenswert wäre. Warum agieren die Inhaber hoher Ämter so oft in einer Weise, die der Vernunft und dem aufgeklärten Eigeninteresse zuwiderläuft? Warum bleiben Einsicht und Verstand so häufig wirkungslos?«[20]

Mit deutlichen Worten kritisiert die US-amerikanische Journalistin und Historikerin Barbara Tuchman 1984 die »Torheit der Regierenden« von Troja bis

Vietnam. Drei Kriterien legt Tuchman für das an, was sie Torheit nennt: Die Politik muss erstens in ihrer Zeit und nicht erst im Nachhinein als kontraproduktiv erkannt worden sein. Es muss zweitens zu ihrer Zeit eine praktikable Handlungsalternative gegeben haben. Und die Politik muss drittens von einer Gruppe und nicht von einem einzelnen Regierenden betrieben worden sein.[21] Tuchmans Thema, dem sie von der Antike bis zur Gegenwart nachspürt, ist ein kollektiver Wahn, der Regierende die Herausforderungen nicht klar, sondern verzerrt wahrnehmen lässt. »Engstirnigkeit, die Quelle der Selbsttäuschung, ist ein Faktor, der eine überaus wichtige Rolle in der Politik spielt. Sie besteht darin, eine Situation aus vorgefassten, festen Anschauungen einzuschätzen und gegenteilige Anzeichen zu missachten oder zu verleugnen. Daraus erwächst ein ›Wunschhandeln‹, das sich von den Tatsachen nicht beirren lässt.«[22]

Dabei gehört es zum festen Inventar des »Wunschhandelns«, Andersdenkenden, die Handlungsalternativen vorschlagen, Selbsttäuschung, Blauäugigkeit und Tatsachenmissachtung zu unterstellen. Doch je stärker man alternativen Handlungskonzepten Naivität unterstellt, umso wahrscheinlicher wird der Verdacht, dass man selbst sein Gesichtsfeld drastisch reduziert hat. Zur Torheit gehört nicht nur der selbstblinde Wahn, sondern auch die Wut auf alle, die ihn nicht teilen.

Was aber ist die passende Antwort auf Tuchmans Frage, warum Einsicht und Verstand in der Politik so häufig wirkungslos bleiben? Und warum ist der Fortschritt im Politischen so gering gegenüber all dem anderen Fortschritt in der menschlichen Entwicklung? Die beste Antwort findet sich wahrscheinlich im Hinweis auf die Spielregeln des Politischen. Diese sind so viel anders als jene der Technik, der Wissenschaft, der Medizin, der Wirtschaft, des Rechts, der Kunst usw. All diese gesellschaftlichen Teilsysteme haben ihre je eigene Belohnungskultur. Und die Rolle, die die Vernunft in ihnen spielt, ist höchst unterschiedlich. Jeder erfahrene Politiker in einer Mediendemokratie weiß heute, dass Langfristigkeit, Beharrlichkeit, Prinzipientreue und Weisheit in der Politik gemeinhin nicht belohnt werden. Viel erfolgreicher ist es, mediale Affekte zu bedienen und damit letztendlich Opportunismus. Zur wichtigsten Taktik wird, möglichst viel kurzfristigen Applaus für die Wiederwahl zu sammeln. Denn abgerechnet wird nicht vor dem Richterstuhl der Geschichte, sondern in den Massenmedien und am nächsten Wahltag. Entsprechend schlecht ist es um jedwede Strategie bestellt, die auf langfristige Ziele hinarbeitet. So erleben wir heute in nahezu allen Demokratien den Siegeszug der Taktik über die Strategie. Das ist weder vernünftig noch weise. Und es funktioniert, wenn überhaupt, nur unter der Voraussetzung, dass viele Dinge in einem Land ohnehin gut laufen. Steht die Gesellschaft und mit ihr die Politik aber vor fundamentalen Herausforderungen, so wird Affektpolitik schnell zu einem ernsthaften Problem.

Ohne Zweifel erfordert die Situation, vor der wir jetzt stehen, sehr viel mehr Umsicht als in den letzten Jahrzehnten. Denn weltpolitische Paradigmenwechsel verlangen erhebliche Anpassungs- und Antizipationsleistungen. Gleichzeitig jedoch – und das ist die große Krux unserer Zeit – lassen die zunehmend emotional und mit Empörung geführten Debatten in Öffentlichkeit und Medien genau diese bedauerlicherweise kaum noch zu. Die Lähmung ist fatal, denn je größer die Herausforderungen werden, umso schlichter werden die Narrative. Von einer Neujustierung des Kompasses im Hinblick auf eine multipolare Weltordnung ist medial kaum die Rede; stattdessen dominieren Abwehr und Trotz. So könnte es tatsächlich passieren, dass die westlichen Industrieländer an ihrer großen historischen Aufgabe scheitern. Statt Teil der Lösung zu sein, eine friedliche neue Weltordnung zu etablieren, droht, dass sie, aufgrund einer zunehmend nach rückwärts verengten Geisteshaltung, mehr und mehr Teil des Problems werden. Noch lässt sich dieses Scheitern verhindern. Aber wie?

Um zu verstehen, welches die naheliegendsten Fehler sind, die die westlichen Industrieländer bei der großen Transformation der Weltordnung machen können, lohnt sich ein Blick darauf, was ganz allgemein zum Scheitern von Nationen und Zivilisationen geführt hat und immer noch führt. Was also ist die politische Grammatik des Scheiterns, die Systematik der Torheiten in ganz großem Stil?

Drei große Werke haben in den letzten drei Jahrzehnten den Versuch gewagt, dieses Scheitern aus distanzierter Sicht vollumfänglich zu begreifen. Von dem US-amerikanischen Evolutionsbiologen Jared Diamond ließ sich lernen, dass Zivilisationen dann untergehen, wenn sie Gefahren falsch einschätzen, engstirnig reagieren und vor allem *ihre Ressourcen über Gebühr verheizen*.[23] Die fünf Punkte, die Diamond auflistet, sind: Umweltschäden, Klimaschwankungen, feindliche Nachbarn, der Wegfall von Handelspartnern und eine falsche Reaktion der Gesellschaft auf Veränderung. Zum Paradigma für Diamonds Thesen wurde dabei die Osterinsel, die ursprünglich fast gänzlich mit Wald bewachsen war, aber von den dort eingewanderten Polynesiern rücksichtslos gerodet wurde. Die besondere Pointe dabei sei gewesen: Je weniger Wald noch vorhanden war, umso wichtiger sei es den Häuptlingen augenscheinlich gewesen, mithilfe von viel Holz die immer riesigeren Steinskulpturen, die Moai, zu errichten. Auf diese Weise, so Diamond, hätten sich die Bewohner durch zunehmende Engstirnigkeit und wachsenden Trotz, der Realität ins Auge zu blicken, um ihre Lebensgrundlagen gebracht. Am Ende sei es zu Hungerkrisen und Bürgerkriegen gekommen und zum Zusammenbruch der Kultur. Die Übertragung des Osterinselparadigmas auf die Welt des 21. Jahrhunderts fällt nicht schwer. Haben wir hier nicht die Blaupause für das, was derzeit global geschieht? Die kapitalistische Welt, eine an ihrer materiellen Gier und ihrem primitiven Statusdenken untergehende Osterinsel *en gros*? Kreuzfahrtschiffe, SUVs und extensive Rüstungsproduktion als zeitgenössische Moai?

Eine völlig andere Erklärung für das Scheitern menschlicher Gesellschaften lieferten acht Jahre später die angelsächsischen Ökonomen Daron Acemoglu und James Robinson.[24] Sie war für die westlichen Industriestaaten sehr viel schmeichelhafter. Die Leser konnten dabei lernen, dass Nationen scheitern, *wenn sie es nicht schaffen, möglichst vielen Menschen die Chance zu geben, ihr Glück in einem freien Wirtschaftsleben zu finden*. Je mehr Teilnehmer die Wohlstandslotterie hat, umso stabiler die Gesellschaft. Und so landen die Autoren bei ihrer Analyse dort, wo Fukuyama schon zwei Jahrzehnte früher stand: Einzig und allein liberale Gesellschaften mit großer wirtschaftlicher und politischer Teilhabe ihrer Bevölkerung sind dauerhaft wirtschaftlich erfolgreich und politisch stabil. Das Zauberwort lautet: »inklusive Institutionen«, und die Autoren finden ungezählte Belege dafür, inwiefern Staaten, regiert von nepotistischen und engstirnigen Machthabern, ohne freie Marktwirtschaft wirtschaftlich absteigen oder gar nicht erst auf die Beine kommen.

Kein Schelm, wer in der Kombination der beiden genannten Erklärungen die Gefahr einer Handlungsparadoxie erkennt: Ohne einen liberalen Kapitalismus, der sich aus dem Erfolgsstreben und der materiellen Gier der Bevölkerung speist, scheitern Nationen. An einem Zuviel an Kapitalismus, Wohlstandsgier und Statusstreben hingegen scheitern, wie Diamond gezeigt hat, Zivilisationen.

Einem dritten, wie es scheint, vorsichtigeren Gedankenpfad, folgt der US-Anthropologe Joseph Tainter.[25] Danach besteht die entscheidende Frage nach Erfolg und Scheitern von Gesellschaften in dem *Verhältnis von Aufwand und Ertrag*. Je komplexer Gesellschaften werden, umso mehr staatlichen Aufwand müssten sie betreiben. Treten Probleme auf, etwa ungelöste Rechtsfragen, ein steigender Energiebedarf oder außenpolitische Konkurrenz, so reagieren Gesellschaften mit der Erhöhung von Komplexität. Die Bürokratie wird ausgebaut,

Energie aus dem Ausland importiert und das Militär vergrößert. All das steigert nun wiederum weiter die Komplexität und vor allem die Kosten. Nach Tainter zeichnet sich dann ein Scheitern ab, wenn Aufwand und Kosten den Nutzen immer stärker überlagern. Das, was die Probleme eigentlich lösen sollte – Bürokratie, Energiezufuhr oder Militär –, wird nun selbst zum Problem.

Bezeichnenderweise tun sich Gesellschaften, nach Tainter, ungemein schwer dabei, diesen Mechanismus zu durchschauen. Statt einer Handlungsalternative tritt Handlungslähmung ein, weil ein Rückbau überbordender Problemlösungswege kaum möglich ist. Alles erscheint unverrückbar festgezurrt und alternativlos. Kein Wunder, dass die Politik im Regelfall noch mehr Benzin ins Feuer gießt. Je problematischer der abnehmende Grenznutzen ist, umso stärker werden die Anstrengungen, den alten, problematisch gewordenen Weg partout weiterzugehen.

Tainters Belege für das Scheitern aus dem abnehmenden Grenznutzen reichen von der Maya-Zivilisation und der Anasazi-Kultur im Chaco Canyon in New Mexico über das Weströmische Reich bis zur Gegenwart. Stets scheiterten Gesellschaften daran, dass die Maßnahmen und Institutionen zur Lösung von Problemen immer aufwendiger und teurer wurden, sodass der Grenzertrag immer weiter sank. Am Ende kollabierten alle untersuchten Gesellschaften dadurch, dass sie so ineffizient wurden, dass sie von innen erodierten. Ihre sozialpolitische Komplexität wurde so instabil, dass sie zerbrach.

Tainter schreckt nicht davor zurück, seine historisch gewonnenen Belege auch auf die Gegenwart der Hyperkonsumgesellschaften in den westlichen Staaten zu beziehen. So etwa sieht er die USA geradezu als Paradebeispiel an. Beruht der Wohlstand, der ihren inneren Frieden und Zusammenhalt sichern soll, nicht auf einer ungeheuren Zufuhr an Öl? Nur unter der Voraussetzung stets größerer Mengen importierter Energie konnten die Vereinigten Staaten innenpolitisch und weltpolitisch zu dem werden, was sie heute sind. Der stets steigende Energiebedarf aber zog und zieht zugleich enorme Kosten für das Militär mit sich, um überall in der Welt die entscheidenden Ressourcen zu sichern. Was als nationaler und internationaler Problemlösungsmechanismus gedacht ist, gewinnt ein ungezügeltes Eigenleben und verursacht immer gigantischere Kosten mit der Gefahr eines sich stetig weiter beschleunigenden Kollapses.

Ohne Zweifel haben alle drei Großtheorien einiges für sich. Und obgleich sie zueinander in Konkurrenz stehen, scheinen sie sich in gewisser Weise zu ergänzen. Denn jede bringt wichtige Aspekte ins Spiel, die in den anderen Erklärungsmodellen fehlen. Allerdings lassen sich alle drei Schablonen auch mit wichtigen Einwänden hinterfragen. Die Zivilisation auf der Osterinsel, die Diamond als Musterbeispiel dient, muss nicht wirklich am massenhaften Bau von Imponierstatuen zugrunde gegangen sein. Wahrscheinlicher ließ es sich trotz gerodeten Waldes dort noch passabel leben, bis die Europäer kamen und den Insulanern den Garaus machten.[26] Tainters Erklärungen von lähmender Bürokratie und immer bedrohlicheren Militärausgaben zulasten des Bürgers und des Staats finden ihr Paradebeispiel beim Kollaps der von ihm gar nicht erwähnten Sowjetunion, die bezeichnenderweise überhaupt kein Problem mit der Energiezufuhr hatte, sondern alle wichtigen Ressourcen im eigenen Land besaß. Zudem gehören die USA inzwischen zu den größten Ölproduzenten der Welt, was ihren wachsenden innenpolitischen Spannungen aber offensichtlich keinen Abbruch tut. Und wenn, Acemoglu und Robinson ins Stammbuch geschrieben, Nationen es nicht fertigbringen, inklusive Institutionen aufzubauen und Chancengerechtigkeit zu ermöglichen, so muss dies nicht zwangsläufig an der Unfähigkeit und dem finsteren Willen der Regierenden liegen. Vielleicht liegt es auch oft genug an einem Faktor, der bei den beiden Autoren überraschenderweise völlig vernachlässigt wird: der Einmischung von außen! So etwa waren die Staaten Südamerikas stets Spielball der Wirtschaftsmachtinteressen der USA. Und jeder Schurke, jeder Verbrecher de luxe mit Marschallsstab war recht, solange es der eigene Schurke war und nicht jener der Sowjets. Die Staaten des sogenannten Ostblocks auf der anderen Seite hatten überhaupt keine Chance auf Selbstentwicklung unter der Hegemonie der Sowjetunion; das gewaltsame Ende des Ungarnaufstands und des Prager Frühlings sprachen eine eindeutige Sprache. Der Iran, eine uralte Kulturnation mit enormen Bodenschätzen und Ressourcen, hatte im 20. Jahrhundert nie die Möglichkeit auf eigene Entwicklung. Lange vor dem Würgegriff des kleptokratischen Mullah-Regimes spielten dort die Briten und US-Amerikaner ihre eigennützigen Spiele. Und wenn sie heute den Niedergang der religiös verbrämten Führer durch Wirtschaftssanktionen erzwingen wollen, so wohl nicht, um dem Land endlich die ersehnte Hoffnung zu erfüllen, einen gänzlich eigenen Weg zu gehen. Die rohstoffreichsten Länder Afrikas, man denke an Nigeria oder den Kongo, sind kaum souverän handelnde Staaten. Man muss unter den Mächtigen der Welt eher diejenigen suchen, die sich dort *nicht* einmischen, Warlords und Milizen für ihr blutiges Tagwerk entlohnen und auf ihren Reibach hoffen. Nationen, lange bevor sie auf hohem Niveau scheitern, müssen also überhaupt die Chance erhalten, auf ein hohes Niveau zu kommen. Die meisten scheitern bereits in den Anfängen – an den Interessen der anderen!

Einmischung von außen ist also ein vierter Faktor, an dem Nationen scheitern. Kein Wunder, dass das Völkerrecht das Recht auf Nichteinmischung seit über 50 Jahren ausdrücklich festschreibt: »Jeder Staat hat die Pflicht, die Rechtspersönlichkeit der anderen Staaten zu respektieren. Die territoriale Integrität und politische Unabhängigkeit jedes Staates sind unverletzlich. Jeder Staat hat das Recht, seine politische, gesellschaftliche, wirtschaftliche und kulturelle Ordnung frei zu wählen und zu entwickeln.«[27] Aber genau dieser Teil des Völkerrechts ist derjenige, der global unausgesetzt gebrochen wird. Wie selbstverständlich nehmen wir hin, dass Großmächte Interessen und Einflusssphären haben, die Einmischungen jeder Art zur gängigen Praxis machen. Wo wichtige Bodenschätze liegen, sind auch Begehrlichkeiten anderer Staaten, die nicht in fairem Kauf oder Handel bestehen. Wo geostrategisch bedeutende Orte sind, in Afghanistan, auf der Krim, am Persischen Golf usw., wird immer wieder interveniert, mitunter auch militärisch. Das gilt nicht nur für Russlands Einflussnahmen und Interventionen in Belarus, Georgien, Transnistrien und Moldawien, sondern ebenso für die Vereinigten Staaten. Das Hinwirken auf einen »Regimechange« gilt unter US-Strategen als legitimes Mittel, das seit dem Zweiten Weltkrieg vielfach versucht wurde, im Iran, in Angola, auf Kuba, im Irak, in Syrien, in Ägypten und möglicherweise auch 2014 in der Ukraine, um nur einige prominente Beispiele zu nennen. Ein ganzes Heer von Instituten, Geheimagenten, Thinktanks und bezeichnenderweise NGOs ist damit beschäftigt, die Welt nach den Interessen der USA umzugestalten.[28] Zudem unterhalten die Vereinigten Staaten jenseits ihres eigenen Territoriums etwa 800 Militärbasen, Russland hat neun, China eine.[29]

Die Position der EU-Staaten gegenüber solcher Real- und Machtpolitik ist ambivalent. So sind die Europäer selbst seit dem Zusammenbruch ihrer Kolonialreiche nur noch in wenigen Ländern unmittelbar militärisch entscheidend vertreten. Andererseits profitieren sie so sehr von der Pax Americana und einer von den Vereinigten Staaten dominierten Weltordnung, dass man sich mit Kritik an den USA entweder zurückhält oder sich sogar unmittelbar an deren völkerrechtswidrigen Interventionskriegen – man denke an die »Koalition der Willigen« im Irakkrieg 2003 – beteiligt.

Scheinbar unabhängiger Wahrer des Völkerrechts zu sein und gleichzeitig an der alten Weltordnung unter der Hegemonie der USA festzuhalten, ist also ein Widerspruch, der in den meisten europäischen Öffentlichkeiten (einschließlich der deutschen) nur sehr selten thematisiert wird. Stattdessen dominieren Narrative, die mit der Schablone WIR gegen DIE die bestehende Weltordnung rechtfertigen. Die Wahl besteht dann darin, dass entweder, wie jetzt, die Guten die Weltordnung bestimmen oder aber eben zukünftig die Bösen. Und vor diese Alternative gestellt, wird das Völkerrecht auch für diejenigen erstaunlich belanglos, die sich gerne selbst als dessen glühendste Apostel betrachten. Ob diese narrative Verengung dauerhaft zum Vorteil der europäischen Staaten ausschlagen wird, ist die große Frage unserer Zeit. Denn wie sich sowohl von Diamond als auch von Tainter lernen lässt, neigen Gesellschaften, die sich von der Komplexität neuer Situationen überfordert fühlen, zu Engstirnigkeit und Trotz, was ihr Scheitern meist weiter beschleunigt.

Narrative Verengung wäre damit ein Punkt, den ich als fünften Faktor des Scheiterns von Gesellschaften herausfiltern möchte. Und sie wird uns in diesem Essay ausführlich beschäftigen. Es dürfte wenig Zweifel daran bestehen, dass wir gegenwärtig dabei sind, eine narrative Verengung voranzutreiben, die höchste Gefahren in sich birgt. Es ist das Narrativ von der *systemischen Rivalität* zwischen dem guten Westen auf der einen Seite und dem bösen China samt befreundeten Autokratien auf der anderen. Und so warnen, raunen und fürchten sich Politiker und noch weit stärker unsere Massenmedien vor einer neuen harten und offensichtlich unausweichlichen Konfrontation mit China; mit genau jenem Land also, das als Werkbank wie Absatzmarkt in den letzten Jahrzehnten den Wohlstand in den westlichen Industrieländern gemehrt hat wie kein anderes. Selbsterklärend ist dieses Narrativ nicht. Und das weckt die Frage: Warum bedarf es heute einer solchen Erzählung von einer »systemischen Rivalität«? Kämen wir nicht besser ohne sie aus?

V.

Die Sehnsucht nach einfachen Erzählungen und ihre fatalen gesellschaftlichen Folgen

Warum bauen derzeit so viele das Narrativ von der vermeintlich »systemischen Rivalität« von westlichen Demokratien gegenüber meist östlichen Autokratien aus und verstärken es medial zu einer gefühlten und gewussten Wahrheit? Weil es einfach stimmt, sagen die Befürworter. Aber was »stimmt« daran? Wie viel nüchterne Expertise steckt darin und wie viele Glaubensüberzeugungen? Und wie schafft man es, die vielen Indizien zu übersehen, die dagegensprechen? Die naheliegendste Antwort darauf ist, weil dieses Narrativ nützlich ist oder zumindest von vielen Menschen mit dem starken Bedürfnis nach einem einfachen klaren Weltbild, von Politikern, die es nicht gründlich hinterfragen, sowie von vielen Massenmedien für nützlich gehalten wird. Aber nützlich wofür?

Eine gleichsam überzeitliche Analyse, wofür diskursverengende Narrative gesellschaftlich nützlich sind, lieferte vor mehr als 100 Jahren der italienische Ingenieur, Ökonom und Soziologe Vilfredo Pareto. Nachdem er in der ersten Phase seines kreativen Schaffens die Ökonomie durchforstet und überall versteckte Rationalitäten, Logiken und Gesetze aufgespürt hatte, wandte er sich in der zweiten Phase dem Treiben der Gesellschaft zu. Dabei erkannte er schnell, dass Logik und Rationalität hier eine äußerst untergeordnete Rolle spielen. Viel entscheidender ist das »nicht logische Handeln«. Doch stecken, und das ist Paretos soziologisches Interesse, nicht auch im Nichtlogischen Gesetzmäßigkeiten? Gesellschaftlicher Affekt, Wunsch, Sehnsucht, Angst, Wahn usw. sind definitiv nicht rational, aber sie folgen gleichwohl Mustern, die sich rational beschreiben lassen.

Pareto beginnt seine Analyse auf der Ebene des persönlichen Verhaltens. Und er macht eine spannende Entdeckung: Menschen sind zwar im Alltag gemeinhin sehr stark auf die Kalkulation ihres Vorteils ausgerichtet. Aber sie sind es nicht auf vergleichbare Weise in Gemeinschaften und Gesellschaften! Gesellschaftliches Handeln ist weit weniger zweckrational, hier kommen Elemente hinzu wie das »magische Handeln« oder das »Gewohnheitshandeln«. Religionen, Weltanschauungen, Mythen und Ideologien bestimmen Gesellschaften damit ebenso wie Traditionen und Konventionen – auch wenn nichts davon zweckrational vernünftig oder sinnvoll ist. Bedenkt man überdies, dass politische Entscheidungen oft unübersehbare Folgen zeitigen, die den handelnden Personen nicht bewusst sind oder sein können, so erklärt sich schnell die irrationale Kurzsichtigkeit, die Gesellschaften so oft vorwärtsirren lässt. Barbara Tuchman dürfte nicken.

Pareto beschreibt all dies in einer Zeit, in der der Erste Weltkrieg – die Urkatastrophe des Jahrhunderts – heraufdämmert. Eine bessere Folie für den Irrationalismus von im Magischen und in Gewohnheiten verhafteten und von ihnen angetriebenen Gesellschaften lässt sich kaum denken. Doch Pareto sieht nicht nur das Gefährliche dieses »präreflexiven« Handelns, sondern auch das Positive. Ist es nicht letztlich dieses Irrationale, was Gesellschaften überhaupt irgendwie zusammenhält? Es sind eben nicht die vernünftigen Übereinkünfte und zweckrationalen Institutionen, sondern der Kitt der Gesellschaft stammt aus »Gefühlsstrukturen«, die, von vielen geteilt, gesellschaftliche Ordnung stiften. So träumt der gelernte Ingenieur nicht von einem durch und durch zweckrationalen Staat. Denn, wenn tatsächlich alle Gesellschaften überall in der Welt von nicht logischen Handlungen durchsetzt sind, wird das wohl seinen guten Grund haben. Herauszufinden wäre nur, welche kulturübergreifenden Strukturmuster dieses Irrationale durchziehen, um es in Zukunft besser zu begreifen. Pareto erkennt, dass das, was Gesellschaften zu Gefühlseinheiten zusammenpappen, eigentlich gar nicht existiert. Was soll der »Staat« sein, was ist eine »Nation«, was ist eine »Rasse«? All das gibt es nur als Abstraktum. Aber Abstrakta handeln nicht, sie haben nicht einmal Interessen. Wer die Welt mit streng empirischem Blick seziert, für den bleiben nur Einzelindividuen übrig, und die Kollektivbegriffe verschwinden.

Gleichwohl sollen Gesellschaften, nach Pareto, solche irrationalen Vorstellungscluster offensichtlich nötig haben, um sich in ihnen zusammenzufinden. Sie sind Relikte, so alt wie die Menschheit. Und diese nichtlogischen Verhaltensmuster archaischer Gesellschaften leben in modernen Gesellschaften als Überbleibsel, als Residuen fort. Residuen, wie Pareto sie versteht, sind präreflexive Sinnstrukturen; etwas, das in allen Gesellschaften in unterschiedlicher Ausprägung vorkommt, sie organisiert und zusammenhält. In modernen Gesellschaften begegnen sie uns in Form von Ableitungen, als *Derivate* und *Derivationen*. Derivate sind ausgeklügelte Ordnungssysteme, in denen Moral und Recht kodifiziert sind. Derivationen hingegen sind das, was Karl Marx als »Ideologie« brandmarkte: einseitige und verallgemeinernde Erzählungen über das, was eine Nation, ein Volk, ein einender Glaube, eine Rasse, eine Klasse usw. sein sollen. Sie sollen etwas bilden, das sich (wie krude auch immer) in Übereinstimmung mit Gefühlen befindet, und damit »nicht logische Beweisführungen« liefern, die Autorität schaffen.

Wie die Residuen Individuen und Gemeinschaften zu irrationalem Handeln treiben, so tun es die Derivationen mit den Gesellschaften und Staaten in der Moderne. Eine »Glanzschicht der Logik« legt sich über dunkle Welterklärungen und macht stringent, was nirgendwo stringent ist. Und genauso entstehen starke politische Überzeugungen und irrationale Weltanschauungen.

Die Geschichte, so mag man Pareto recht geben, ist in der Tat ein turmhoher Trümmerhaufen aus solchen abgelebten und verschrotteten Derivationen. Ob es darum ging, Hellenen als Lichtgestalten von dunklen »Barbaren« abzugrenzen, ob sich das Christentum dazu berufen fühlte, die »Heiden« mit Feuer und Schwertern zu bekehren, ob die Spanier, Portugiesen, Engländer und Franzosen das *promised land* auf dem amerikanischen Kontinent den von Gott ungeliebten Ureinwohnern entrissen und diese nahezu ausrotteten, ob die Europäer ihre Kolonialreiche rund um den Globus errichteten, ob die »Zivilisierten« die »Mongolen« und »Kaffern« versklavten und zu Millionen ermordeten, ob die »germanische Herrenrasse« sich ihren vom »großen Führer« versprochenen »Lebensraum« im Inland wie im Ausland holen wollte und dafür »Untermenschen« zu Millionen ermordete oder ob sich als kommunistisch selbst missverstehende Massenmörder wie Stalin, Mao Tse-tung und Pol Pot einen edleren Menschentypus hervorbringen wollten, demgegenüber alle Nichtkommunisten nichts wert sein sollten – stets schien Millionen Menschen gewiss und plausibel, vernünftig und richtig, was Wahn und Wahnsinn war.

Sich wertemäßig überlegen zu fühlen, sei es als Angehöriger des richtigen Glaubens, der privilegierten Rasse oder der überlegenen Kultur, ist ein Verhängnis der Menschheit. Derivationen können äußerst verheerend sein. Andererseits haben alternative Narrative, die ganz ohne Gefühle und Pseudologiken auskommen, es dauerhaft schwer, denn beides bestimmt sehr stark das Alltagsbewusstsein vieler Menschen. »Verfassungspatriotismus«, wie Jürgen Habermas ihn als Alternative zu sämtlichen Derivationen, insbesondere allen Spielarten von Nationalismus, vorschlug, ist ein hehrer Gedanke. Tatsächlich jedoch könnte in der Geschichte der Bundesrepublik das Bild von der »deutschen Tüchtigkeit« für viele Deutsche weit identitätsstiftender gewesen sein als das Bekenntnis zum Grundgesetz. Die USA zelebrieren immer noch den Kult, »God's own country« zu sein. Die Franzosen sehen sich unerschüttert als »Grande Nation«, auch wenn Glanz und Gloria schon vor mehr als 200 Jahren auf dem Schlachtfeld von Waterloo untergingen. All dies sind Illusionen, von denen man bewusst oder unbewusst vergessen hat, dass sie welche sind. Und nur so wurden sie im doppelten Wortsinn kanonisch. Ebenso lassen sich auch für zahlreiche andere Nationen Derivationen anführen, die, wie abstrus und irrational sie sein mögen, als unverzichtbar empfunden werden und noch jeden Wahlkampf und jede staatspräsidiale Rede schmücken.

Solange Derivationen nur der Selbstverherrlichung dienen, sind sie nicht allzu gefährlich. Problematisch wird erst der nächste Schritt, in dem andere Gruppen, Nationen oder Völker zu kategorischen Feinden erklärt werden. Suprematie-Ansprüche gegenüber anderen Nationen, die auf Derivationen aufsatteln, sind ein weitverbreitetes Übel in der Welt, zuletzt dramatisch spürbar im russischen Narrativ, die Ukraine sei ohnehin russisches Territorium und für sich genommen kein Staat, sodass der Souveränitätsgedanke allein das Werk ukrainischer Nazis sein könne. Und ebenso einschlägige Derivationen sind auch alle Kriege im Namen der Götter, wie unlängst das grausige Wüten des »Islamischen Staats« in Syrien und im Irak.

Als identitätsstiftende Erzählungen, die den Zusammenhalt fördern sollen, sind Derivationen offensichtlich nicht aus der Welt zu schaffen. Die Renaissance der Identitätspolitik weltweit scheint dies zu bestätigen. Je unsicherer im 21. Jahrhundert zu sein scheint, was ein Volk, eine Nation, Geschlechterrollen, Werte, Sitten und Gebräuche sind, umso heftiger wird wieder darauf gepocht und bestanden. Nationales und Biologisches sollen sicherstellen, was nicht mehr selbstgewiss ist. Und wo der Einzelne nicht mehr weiß, wo er hingehört, springt die kollektive Identität ein, verspricht festen Halt und teilt die Welt in das ein, was man achtet und was man ächtet. Und am Ende triumphiert das »Wir zuerst!«.[30]

Gleichzeitig jedoch weiß das aufgeklärte Bewusstsein: Sehr einfache Geschichten von Gut und Böse sind fast immer falsch. Und das gilt insbesondere in der Politik. Das liegt daran, dass Derivationen zu keinem Zeitpunkt tatsächlich *wahr* sein sollten und sollen; denn gemeinhin sind sie kaum überprüfbar. Ihre Aufgabe besteht darin, nützlich zu sein, nicht zuletzt für die Durchsetzung von Machtinteressen. Eine bestimmte Sichtweise, und sei sie rational und faktisch noch so wenig belastbar, soll, wie Cassirer es nannte, »symbolische Prägnanz« bekommen. Denn was symbolisch prägnant ist, wird leicht evident; jedenfalls auf weit weniger mühselige Weise als durch den harten und staubigen Weg der umsichtigen Überprüfung.

Enttäuschend ist, dass auch die aufgeklärten westlichen Industrieländer nicht frei von Derivationen sind. So dürfte es in der jüngeren Geschichte wohl keinen Krieg gegeben haben, bei dem es in Reinform um die »Freiheit« und nichts als die Freiheit gegangen wäre. Die Alliierten kämpften nicht schlichtweg gegen Nazideutschland um der Freiheit Europas willen, sondern sie kämpften (mit Ausnahme der USA) um ihr Überleben. Die Vereinigten Staaten wiederum, die nach dem Wendepunkt von Stalingrad in den Zweiten Weltkrieg eintraten, fochten nicht nur gegen einen Schlächter und Völkermörder namens Hitler, sondern auch um ihre einmalige Chance, auf den Trümmern des Krieges im siegreichen Wettstreit mit der stalinistischen Sowjetunion zum Welt-Hegemon aufzusteigen, was dann tatsächlich gelang. In Vietnam, wo dem US-Narrativ entsprechend die »Freiheit Berlins« verteidigt würde, ging es den USA vornehmlich darum, die mutmaßlichen neuen Einflussgebiete der Sowjetunion einzudämmen und die südostasiatischen Staaten in ihrem Machtbereich zu behalten. Tatsächlich jedoch war der Vietnamkrieg bis zur Einmischung der USA ein Bürgerkrieg um Land gewesen, nämlich einer der bettelarmen Landbevölkerung gegen die Großgrundbesitzer. Nicht weniger irreführend behauptete das von vielen deutschen Politikern schnell übernommene Narrativ in den frühen

2000er-Jahren, »Deutschlands Sicherheit« würde »am Hindukusch verteidigt«. In der Realität ging es den USA in Afghanistan um vieles, um eine Racheaktion nach dem 11. September 2001, um den Beweis, den *War on Terrorism* tatsächlich militärisch zu führen, und nicht zuletzt um ein geostrategisches Drehkreuz zwischen Russland, Indien und Iran, einen »landgestützten Flugzeugträger«. Aber am wenigsten ging es um die Freiheit des afghanischen Volks (in dem viele die ausländischen Soldaten schlicht als »Invasoren« sahen) oder gar um die Sicherheit Deutschlands.

Wie Pareto richtig anmerkte, existieren Abstraktionen eigentlich nicht, auch existiert nicht *die* Freiheit. Die Glanzschicht der Logik, die damit über Interessen und Ereignisse gelegt wird, hat ihr Fundament nicht in tatsächlichen Geschehnissen, sondern in Gefühlen und Gedanken. Selbstverständlich haben in der Geschichte ungezählte Menschen dafür gekämpft, ihr Leben und ihr Hab und Gut zu verteidigen. Sie haben gegen Despoten rebelliert oder gegen Invasoren gekämpft. Und diese Kämpfe können durchaus mit Fahnen in der Hand geschehen sein, auf denen »Liberté«, »Libertá« oder »Liberty« stand. Doch spätestens, wenn es um große geplante Kriege geht, ist die »Freiheit« nicht mehr von Wirtschafts- und anderen Machtinteressen zu trennen. Und ausgestoßen wird sie nicht als leidenschaftlicher Schrei, sondern zumeist vor sich hergetragen als ziemlich scheinheilige Monstranz.

Derivationen werden leider auch nicht besser dadurch, dass sämtliche Mächte in der Geschichte und in der Gegenwart sie ausbilden und gebrauchen. Dazu gehört stets, Ereignisse und Entwicklungen zu *dekontextualisieren* und eine ausgesuchte Lesart als die einzig richtige zu behaupten. Ob die Geschichte nur eine »Geschichte von Klassenkämpfen« sein soll, wie der Staatskommunismus Marx nacherzählte, ob der Liberalismus allen immer nur die Freiheit schenken will und nichts von ihnen nehmen, ob Putin beim russischen Krieg gegen die Ukraine die »russische Zivilisation« und damit zugleich alle nicht westlichen Zivilisationen beschützen will,[31] oder ob China sich als das »Reich der Mitte« und alle anderen als Barbaren sah – stets halten einseitige Sichtweisen dafür her, logisch und moralisch zu machen, was weder logisch noch moralisch ist.

Ein zweiter Trick, um passend zu machen, was nicht passt, ist, neben der *holzschnittartigen Feindbildung*, das, was ich die *Nullpunktsetzung* nennen möchte. Wann hat ein Geschehen angefangen? Die Frage ist von höchster Bedeutung, wenn man die Schuldigen oder gar den Alleinschuldigen finden möchte. Der österreichische Philosoph Paul Watzlawick bemerkte dazu treffend, dass in Konflikten sich jeder stets nur als Re-Agierender nie als Agierender sieht. Die Kette der Ereignisse wird so zerlegt, dass immer der andere angefangen hat und ich nur mit Recht darauf antworte. Tatsächlich aber ist die Schuldfrage nur selten leicht und in gewünschter Eindeutigkeit zu beantworten. Die Einseitigkeit der Darstellung beginnt schon bei der Rekonstruktion der Ereignisse. Der britische Geschichtsphilosoph Robin George Collingwood beschreibt jede Form der Geschichtsschreibung und Geschichtsinterpretation als »Aktualisieren«.[32] Wer sich eingängig mit Geschichte beschäftigt, ist genötigt, ein *Reenactment* vorzunehmen – eine Nachstellung in seiner Fantasie, die das Gewesene wieder in Kraft setzt. Wie die Philosophie Denken über das Denken ist, so ist die Geschichtsschreibung das Denken des Gedachten. Der Historiker sollte dabei sehr darauf achten, die Werte und Ideale seiner Zeit nicht mit jenen der behandelten Epoche zu vermengen. Doch indem er das in der Vergangenheit Gedachte noch einmal nachvollzieht, stellt er es gleichwohl unweigerlich in den Kontext der Gegenwart. Denn was auch immer wir heute über Vergangenes denken, das »Heute« begleitet uns stets mit. Das zeitgenössische Verstehen bildet den Horizont, vor dem das *Reenactment* der Vergangenheit seine Kontur gewinnt. Dabei verschwimmen viele Trennlinien, wie jene zwischen Tatsache und Theorie, Geschichte und Philosophie. Im Aktualisieren bilden sie ein Beziehungsgeflecht aus Gleichwertigem, ergänzt durch Schlussfolgerungen und naheliegende Mutmaßungen.

Eine historische Erklärung oder Rechtfertigung zu suchen, ist also meist weit entfernt von unbestechlicher Faktizität. So verwundert es auch nicht, dass die Geschichte, die die ukrainische Regierung von ihrer nationalen Identität erzählt, kaum etwas mit dem zu tun hat, wie die russische Regierung sie sieht, zumal beide Begriffe, »Nation« wie »Identität«, keine fest umrissenen Größen sind, sondern Interpretamente. Nicht viel sicherer fällt die Antwort auf die Frage aus, wann und womit der Krieg in der Ukraine begonnen hat. Für die USA und die EU beginnt er am 24. Februar 2022 mit dem völkerrechtswidrigen brutalen Angriffskrieg der russischen Föderation gegen die Ukraine. Für die russische Regierung beginnt er mit der in ihren Augen völlig unnötigen und aggressiven Osterweiterung der NATO, die das US-dominierte Bündnis immer näher an Russlands Westgrenze heranschob und sukzessive auf die Eskalation zusteuerte. In der ersten Lesart ist der Überfall auf die Ukraine eine, wie es in einer Erklärung der Vertretung der Europäischen Union in Deutschland heißt, »grundlose« Aggression, vorangetrieben durch einen verbrecherischen, machtlüsternen Diktator.[33] In der zweiten Lesart ist es der »Schlussstein«, mit dem

Russland der militärischen Expansion der USA und ihrer Verbündeten Einhalt gebietet.[34] Dass beide Versionen nicht frei von Derivationen sind, bedarf kaum einer Erklärung. Die Vertretung der EU hätte mit großem Recht schreiben können, dass der russische Angriffskrieg durch nichts zu rechtfertigen ist – aber kein Krieg erfolgt »grundlos«, sondern er erfolgt aus Gründen, die man entweder für vertretbar hält oder, wie im Falle Russlands, für ungerechtfertigt. Dass das russische Narrativ eine Derivation ist, erklärt sich schon daraus, dass es die nicht kriegerische Expansion der NATO als Aggression brandmarkt, während es die eigene brutale kriegerische Aggression euphemistisch verhüllt.

Wie die Naturwissenschaftler bestimmte Fragen an die Natur stellen, um diese zu ergründen, so stellen auch die, die in die Geschichte schauen, Fragen, von deren Zuschnitt abhängt, was als eine befriedigende Antwort gilt. Dabei kann, wo Interessen in der hier verhandelten Größenordnung auf dem Spiel stehen, für die Beteiligten immer nur eine Lesart richtig sein – und die andere ist selbstredend völlig verzerrt, heuchlerisch und längst widerlegt. Dass etwa die Frage der NATO-Osterweiterung und die Vorgeschichte des russischen Überfalls auf die Ukraine kompliziert, vielschichtig und nicht einfach zu interpretieren sind, hat die US-Historikern Mary Elise Sarotte in ihrem Buch *Nicht einen*

Schritt weiter nach Osten nach umfänglichem Quellenstudium sorgfältig und detailliert herausgearbeitet.[35] Interessanterweise wurde sie von deutschen Journalisten vor allem gefragt, wer von beiden Parteien, Russland oder die USA, denn nun Schuld an der fatalen Entwicklung hat; obgleich Sarottes Pointe gerade darin besteht, dass diese Frage eben nicht eindeutig beantwortet werden kann. Das von Derivationen bestimmte Entweder-oder-Denken aber hat für das Kleingedruckte keinen Platz und lässt sich durch Fakten nicht beirren. Es soll nur *eine* genehme Wahrheit geben, und alles andere ist Propaganda. Wenn man eine Definition von Propaganda sucht, dann findet man sie hier: »Propaganda« sind stets die Derivationen der anderen.

Mit Abstand und Vernunft betrachtet, ist jede Derivation eine interessegeleitete Verengung des narrativen Korridors; einschließlich des für sie obligatorischen Entweder-oder. Wo die Stimmung aufgeheizt und die Derivationen medial allgegenwärtig sind, hat es die distanzierte Betrachtung schwer – eben weil sie, der Logik von Derivationen gemäß, perfide als versteckte Parteinahme für den Gegner gewertet wird. Jede Einschränkung, jede Relativierung und jede Abwägung gelten als Verrat an der derivativ gewonnenen Stabilität einer Weltanschauung, die auf starken Interessen basiert. Und obwohl der Mechanismus, der aus den Übeln in der

Welt ein bestimmtes herausdestilliert und zum uneingeschränkten Feindbild schlechthin ausmalt, bestens bekannt und wissenschaftlich genau beschrieben ist, funktioniert er immer noch sehr gut, ja, in der letzten Zeit sogar wieder deutlich besser als in den Jahrzehnten zuvor.

Das wirkt zunächst erstaunlich, besonders im Blick auf Deutschland. Lässt sich der Weg unseres Landes nach dem Zweiten Weltkrieg nicht als eine beeindruckende Lernkurve darstellen, von einer nationalistisch, rassistisch und militärisch ideologisierten Gesellschaft zu einer aufgeklärten, friedlichen und pluralistischen Gesellschaft? Wie ist es da erklärlich, dass Behauptungen wie die »systemische Rivalität« zu China oder die völlige Unvermeidbarkeit eines Wettrüstens mit Russland zumindest bei der Hälfte der deutschen Bevölkerung auf fruchtbaren Boden fällt?

VI.

Unzeitgemäße Feindbilder

Es ist augenscheinlich sehr schwer, ohne Feinde zu leben. Und das Praktische ist: Man findet auch immer genug. Im Deutschen Kaiserreich waren die Franzosen die Erbfeinde, und was immer die Erbfeinde taten, war schlicht erbfeindhaft. Kriege gegen den Erbfeind bedurften daher kaum einer Rechtfertigung und jene gegen die »slawischen Horden im Osten« ohnehin nicht. In der Zeit des Kalten Krieges belehrten die millionenfachen Verbrechen Stalins gegen das eigene Volk ebenso unmissverständlich über die Perversion des Kommunismus wie die sowjetischen Einmärsche in Ungarn, der ČSSR und Afghanistan: Ein imperiales System schreckt vor nichts und niemandem zurück, um seine verbrecherische Ideologie der Gleichmacherei unbegrenzt auszuweiten. Und hatten Karl Marx und Friedrich Engels nicht das *Kommunistische Manifest* in den bösen Missionsauftrag einmünden lassen: Das Endziel des Kommunismus sei die Weltherrschaft?

Vom vermeintlich gleichen Weltherrschaftswahn getrieben, trat im Deutungsmuster des Westens nach dem Zusammenbruch des Realsozialismus in Osteuropa der Islam auf den Plan. Er ersetzte in Windeseile den eben überwundenen Feind durch einen respektablen neuen. Wie zuvor der Kommunismus bedrohten nun die vormals von Journalisten noch harmlos sogenannten Freischärler und Gotteskrieger als »islamischer Terrorismus« arabischer Finsterlinge die freie Welt. Anders als die Kommunisten beseelte nicht mehr der Neid, sondern, schlimmer, weithin sichtbarer Hass auf unser freizügiges Leben in Europa und den USA die neuen Feinde. Und Großtheoretiker in den Vereinigten Staaten beeilten sich, die neue »systemische Rivalität« im Weltmaßstab auszumalen. So sah der Politologe Benjamin Barber 1995 in seinem Buch *Jihad vs. McWorld* (*Demokratie im Würgegriff*) den Kampf der Dschihadisten als einen fundamentalen Kulturkampf zwischen zurückgebliebenem »Tribalismus« und religiösem Fundamentalismus gegen die fortgeschrittene westliche Einheitszivilisation, wobei der radikale Islam die größte tribalistische Gefahr sei. Die gleiche Formel, *The West against the Rest*, bemühte auch der Politikwissenschaftler Samuel P. Huntington, mit dem ich 1996, kurz nach Erscheinen seines voluminösen *Clash of Civilizations and the Remaking of World Order* (*Kampf der Kulturen*), darüber diskutierte. Huntington hatte keinerlei Bedenken dabei, den Konflikt der Ideologien aus der Zeit des Kalten Krieges eins zu eins in einen Konflikt zwischen Zivilisationen zu übertragen, jener des Westens gegen den Islam. Die Übertragung war so holzschnittartig und schablonenhaft, dass sehr schnell klar wurde, dass es dabei nicht um Finessen der Realität ging – die islamische Welt bildete auch damals ein völlig zerstrittenes Ensemble und keine politisch und kriegerisch geschlossene Einheit –, sondern es ging um die Schablone selbst.

Die Thinktanks in den USA, zu denen Huntington gehörte, benötigten augenscheinlich einen Feind in ähnlichem Format wie zuvor den »Kommunismus«. Über die Gründe dafür lässt sich spekulieren. Ist es der generelle weitverbreitete Glaubenssatz, dass es unter Menschen und Völkern immer Krieg geben wird und dass nur der Stärkste siegt? Wie groß ist dabei die Rolle der für die USA systemrelevanten Rüstungsindustrie? Und inwieweit ging es darum, durch ein neues Feindbild die Geschlossenheit des erst seitdem vermehrt sogenannten Westens zu sichern, die mit dem Niedergang Russlands unter Boris Jelzin an Notwendigkeit eingebüßt hatte?

In jedem Fall beschrieb Huntington die Gegnerschaft zur islamischen Welt nach allen Regeln der

Derivationskunst. Der Konflikt sei älter als jener mit dem Kommunismus und noch wesentlich tiefer. Denn anders als gegenüber den Russen trenne uns hier alles: Sitte, Kultur, Lebensweise, Religion, Geschlechterverständnis, Ehrgefühl usw. Im Handumdrehen erschien alles Arabische stockfinster, was vorher weitgehend gleichgültig gewesen war. Und während der Westen die Verständigung und den Frieden liebe, hätte der Islam überall »blutige Grenzen«. Dass Huntington dabei unterschlug, dass fast alle Grenzen in Europa in der Geschichte mit Schwertern gezogen und mit Blut getränkt worden waren und dass er den in der arabischen Welt mit Militärberatern, Panzern und Militärstützpunkten präsenten USA einen Heiligenschein aufsetzte, der sie umso scheinheiliger erscheinen lassen musste, tat seiner Selbstsicherheit keinen Abbruch. Derivationen müssen nicht stimmen, sie sollen nützen.

Dass es sich dabei um maßlose Übertreibungen gehandelt hatte, ist heute, mehr als 20 Jahre nach dem Anschlag auf das World Trade Center in New York, der Geburtsstunde des *War on Terrorism*, Allgemeingut. So viel medialen Zuspruch Barber und noch mehr Huntington erfuhren, sosehr sie sich als Top-Influencer ihrer Zeit feiern lassen konnten, umso überholter stehen sie heute da. Ihre Werke waren ja keineswegs als Momentaufnahmen gedacht, sondern als Diagnosen für viele

Jahrzehnte. Doch wer fürchtet sich gegenwärtig noch ernsthaft vor einem geschlossenen Dschihad der arabischen Staaten gegen die westlichen Industrieländer? Ohne Zweifel sind islamische Terroristen auch weiterhin eine gefährliche lokale Bedrohung, man denke nur an die brutalen Morde von Hamas-Aktivisten an der israelischen Bevölkerung im Oktober 2023. Und doch sieht wohl kaum jemand die Frage weiterhin als ein finales Entweder-oder von westlicher Zivilisation oder arabischer in der ganzen Welt. Der Islam taugt in Europa zwar weiterhin als innenpolitisches Bedrohungsszenario, doch als unheimliche außenpolitische Feindesmacht ist er weithin uninteressant geworden. Feinde sind offensichtlich nur dann die größtmögliche Gefahr, bis sie durch eine noch größere ersetzt werden. Derivationen, so lässt sich lernen, verlieren sofort an Wahrheit, wenn ihre Nützlichkeit sich verbraucht. Zurück bleiben Geister, von denen sich kaum mehr vorstellen lässt, dass sie einmal lebendig gewesen sein sollten.

Heute stehen nun erneut Russland und dazu China und möglicherweise bald auch Indien als neue Schurken im Raum. Russland, weil es völkerrechtswidrig die Ukraine angegriffen und mit einem fürchterlichen Krieg überzogen hat, und China, weil es das Gleiche mit Taiwan tun könnte, das von den meisten Ländern der

Welt ohnehin nicht als eigenständiger Staat anerkannt wird, was die Lage nicht einfacher macht. Gemeinsam scheint Russland und China zu sein, dass beide Staaten die geopolitische Topografie für veränderbar halten, einschließlich damit verbundener Einflusszonen und Herrschaftsgebiete. Auch innenpolitisch geben neben Russland die aufstrebenden asiatischen Großmächte viel her. Man denke an die brutale Unterdrückung der Uiguren in der chinesischen Provinz Xinjiang sowie die ohne große Mühe als faschistoid zu brandmarkenden Züge in der Politik der Narendra-Modi-Regierung in Indien. Die ambivalente Haltung beider Staaten zum russischen Angriffskrieg gegen die Ukraine verraten ein Übriges: China und Indien halten unilaterale Militäraktionen ebenso für falsch wie unilaterale Sanktionen. Zudem fordern sie mehr Mitsprache in den globalen Institutionen auf Kosten des Westens. Aufgrund ihrer abweichenden Haltung zum Krieg in der Ukraine erscheinen beide Staaten aus Westperspektive oft ganz pauschal als »Feinde des Friedens und der Freiheit«. Ein zweiter beherzter Gedankenschritt, und man gewinnt das, worauf sich der westliche Sprachgebrauch als Derivation geeinigt hat: die »systemischen Rivalen«.

Doch wie steht die Derivation zur nüchternen Analyse? Nun, von der vor allem in Westeuropa erhofften großen Annäherung der Welt im Zuge einer globalkapitalistischen Ökonomie ohne Grenzen ist derzeit in der Tat nichts zu spüren. Zwar hat das Kapital die Weltrevolution gemacht und das Gespenst des Realsozialismus ebenso hinweggefegt wie viele kulturelle Eigenheiten und indigene Traditionen. Die Welt ist eine *Mall* geworden, und kapitalistisches Effizienzdenken beherrscht nahezu alle und alles. Aber es hat, anders als Fukuyama glaubte, die Geschichte nicht an ein Ende geführt, sondern sie auf neue Weise dramatisiert. Und, kaum zu glauben: Die Feinde aus westlicher Sicht sind nicht weniger geworden dadurch, dass sie nun fast allesamt Kapitalisten sind, sondern mehr! Die Welt ist nicht schlecht, sondern sie ist voll, lässt sich mit Bertolt Brecht sagen. Und der Kampf um Ressourcen ist gewiss nicht friedlicher geworden dadurch, dass nun alle ihn mit kapitalistischer Effizienz führen. Gerade die effiziente Kombination aus Staat und Kapitalismus und nicht etwa der Kommunismus hat China zu einem ernst zu nehmenden Rivalen der westlichen Industriestaaten gemacht – aber eben gerade nicht zu einem »systemischen«, wie die Derivation kontrafaktisch behauptet.

Die alte Derivation aus der Zeit des Kalten Krieges, dass die Systemkonkurrenz von Kapitalismus und Kommunismus die große Schuld an Unfrieden und Spannungen in der Welt trägt, ist damit widerlegt.

Unfrieden und Spannungen zwischen Mächten brauchen keine systemische Rivalität; so wie etwa Franzosen und Deutsche sich in ungezählten Kriegen abschlachteten, ohne dass es dabei um konkurrierende Herrschaftssysteme ging. So geht es auch in der Frage des Umgangs mit China nicht um Systemisches. Die Welt steht hier nicht vor einer Entweder-oder-Entscheidung wie ehedem bei der zur Systemkonkurrenz erklärten Frage von Kommunismus oder Kapitalismus. Und eigentlich war schon damals nicht ganz so viel dran, jedenfalls nicht über die lange Zeitstrecke. Die Sowjetunion und ihre Vasallen waren aller Selbstverklärung zum Trotz bekanntlich keine kommunistischen, sondern staatswirtschaftliche Systeme, in denen nicht ein freies Volk regierte, das seine Wirtschaft selbst organisierte. Stattdessen herrschte eine unterdrückende Parteielite als Staats- und Unternehmensführung in Personalunion. Die Propaganda mochte dort auf Hochtouren laufen – die behauptete systemische Überlegenheit des Realsozialismus gegenüber dem Kapitalismus konnte sich spätestens seit Leonid Breschnew kein Sowjetführer mehr mit noch so viel Wodka wahrtrinken. Alles, was der angeblich so expansive Kommunismus seit den Siebzigerjahren noch anzettelte, war die oft vergebliche Unterstützung von »Volksbefreiungsarmeen« in Afrika und Lateinamerika (nur in Südostasien war man erfolgreicher) und 1980 der katastrophal gescheiterte Einmarsch in Afghanistan. Doch auch hier gilt: Wenn es im Kalten Krieg eine Konkurrenz gab, dann konkurrierten bei abgeklärter Betrachtung dauerhaft keine Ideologien, sondern Staaten kalt und nüchtern um Macht- und Einflusssphären.

Der Fokus auf eine irgendwann immer hinfälliger gewordene Systemkonkurrenz zwischen Kapitalismus und Kommunismus machte viele in den westlichen Industrieländern blind für die eigentlichen Gründe der Rivalität. Und so konnte es geschehen, dass in den Zeiten des Kalten Krieges niemand durchrechnete, wie die Welt wohl sein würde, wenn alle so kapitalistisch agierten wie die westlichen Industrieländer. Ein gewaltiges Versäumnis, ohne das Fantasien wie diejenige Fukuyamas wohl gar nicht hätten aufkommen können. Wenn es erwiesenermaßen stimmt, dass der Kapitalismus das wirtschaftlich deutlich erfolgreichere System ist, dann muss auch die wirtschaftliche Rivalität zwischen immer mehr und immer stärkeren Weltmarktteilnehmern steigen. Ein staatskapitalistisches China ist nicht nur ein Partner, ein grandioser Absatzmarkt und eine billige Werkbank, sondern eben auch ein stets stärker werdender Wettbewerber; Maos kommunistische Diktatur war beides nicht.

Kein Wunder, dass die Statik der Neunzigerjahre

nicht bleiben konnte und kann, was sie war. Das betrifft leider auch die »internationale Friedensordnung«, von der heute von europäischer und US-amerikanischer Seite fortwährend die Rede ist. Als Vorbild dafür dient bis heute die Schlussakte der KSZE-Konferenz in Helsinki 1975. Danach verpflichteten sich die teilnehmenden europäischen Staaten sowie die USA und Kanada darauf, ihre souveräne Gleichheit sowie die ihrer Souveränität innewohnenden Rechte zu achten. Sie unterzeichneten den Verzicht auf die Androhung oder Anwendung von Gewalt. Sie bestätigten die Unverletzlichkeit der Grenzen. Sie verpflichteten sich zur Achtung der territorialen Integrität aller Teilnehmerstaaten, zur friedlichen Regelung von Streitfällen und zur Nichteinmischung in die inneren Angelegenheiten der anderen Teilnehmerstaaten. Gleichzeitig garantierten sie die Achtung der Menschenrechte und Grundfreiheiten sowie die Achtung der Gleichberechtigung und Selbstbestimmung der Völker. Als Letztes verpflichteten sie sich noch zur Entwicklung ihrer Zusammenarbeit gemäß der Ziele und Grundsätze der Charta der Vereinten Nationen sowie zur Erfüllung ihrer völkerrechtlichen Verpflichtungen nach Treu und Glauben.

Die KSZE ist ein Meilenstein in der Geschichte der Völkerverständigung mitten im Kalten Krieg. Und die Vorstellung, die Menschheit hätte sich tatsächlich darauf geeinigt, die Geschichte dadurch zu beenden, dass eine einmal etablierte Ordnung der Grenzen und Einflusssphären für immer anerkannt wird und überzeitlich gültig bleibt, war wirklich eine schöne Vorstellung – aber bedauerlicherweise zu schön, um wahr zu sein. Tatsächlich unterlag die Friedensordnung der Welt auch nach der Schlussakte von Helsinki in gleichem Maße der Macht und Dynamik der Geschichte wie alles andere politische Werk auch. Historisch ist keine Friedensordnung eine mosaische Gesetzestafel, die vom Berge Sinai herabgetragen wird. Ein prüfender Schritt zurück erweist jede Friedensordnung als eine Unordnung, die nur dann ordentlich wird, wenn man die Geschichte ihres Zustandekommens vergisst und sie auf einen imaginären Nullpunkt stellt, den es in der Historie bekanntermaßen nie gibt.

Das Verhältnis zu China wird nicht deshalb zur »systemischen Rivalität«, weil die Chinesen an der Unverletzbarkeit der internationalen Friedensordnung rütteln, der Westen sie hingegen schützt und bewahrt. So verbreitet diese Sicht ist, so wenig hält sie einer empirischen Überprüfung stand. Ab wann soll die internationale Friedensordnung gelten, sodass kein einziger westlicher Staat als Völkerrechtsbrecher überführt werden kann? Seit 1945 sicher nicht, der Koreakrieg mit seinen rund vier Millionen Toten belehrt unmissverständlich darüber. Denn daran waren nicht nur China, sondern eben auch die USA beteiligt, die sogar unverhohlen mit dem erneuten Einsatz von Atomwaffen drohten. Völkerrechtswidrig war ohne Zweifel auch der über zehn Jahre wütende grausige Krieg der USA in Vietnam von 1964 bis 1975 mit über zwei Millionen Toten, darunter etwa eine Million Zivilisten. Und sollte die unverrückbare internationale Friedensordnung mit dem Zusammenbruch der Sowjetunion Anfang der Neunzigerjahre in Kraft getreten sein, so brachen die USA und ihre Verbündeten sie mit ihrer militärischen Intervention auf dem Balkan. Viel verheerender noch aber war die demonstrative Missachtung der internationalen Friedensordnung im Jahr 2003 durch den völkerrechtswidrigen Angriffskrieg der USA und ihrer Verbündeten gegen den Irak; ein Krieg, dessen Todesopfer auf eine Zahl zwischen 200 000 und einer Million Toten geschätzt wird und von dem sich das überfallene Land im Zustand eines *failed state* bis heute nicht erholt hat.[36]

Um der so äußerst wünschenswerten Utopie nahezukommen, eine wirklich stabile Weltordnung zu schaffen, die auch für einen möglichst dauerhaften Frieden sorgt, wäre zumindest eines erforderlich: dass wir die universalistische Tradition, in der das Völkerrecht steht, selbst konsequent ernst nehmen. Denker wie Cicero, Erasmus von Rotterdam, Hugo Grotius und vor allem Immanuel Kant haben wirklich Großes geleistet, indem sie weltweite gültige Normen und universelle Werte formulierten, die sich nicht zuletzt in den Gründungsdokumenten der UNO wiederfinden. Aber solange sich die Vereinigten Staaten als Welt-Hegemon immer wieder darüber hinwegsetzten und hinwegsetzen und ihre Verbündeten ihnen folgen, nichteten und nichten sie deren Verbindlichkeit durch Missachtung.

All das ist ernüchternd. Die internationalen Abkommen und Verträge, so wichtig sie sind und so viel für sie spricht, wie sollten sie unter diesen Bedingungen etwas anderes sein, als es Abkommen und Verträge in der Geschichte schon immer waren: Regeln zur Aufrechterhaltung vergänglicher Zustände? Ein Blick auf den Hunger der asiatischen Aufsteiger könnte die Länder der westlichen Welt dazu mahnen, ihre eigene Vergangenheit zu erinnern, welche ihre höchst komfortable Situation für einen äußerst privilegierten Bruchteil der Weltbevölkerung hervorgebracht hat. Die internationale Weltordnung ist der bisherige Schlussstein einer Aufstiegsgeschichte der westlichen Industrienationen, eingemauert in das Weltrelief nach dem Zweiten Weltkrieg. Ihre machtvolle Rolle als internationale Gesetzgeber verdanken diese Nationen, allen voran Großbritannien, Deutschland, Frankreich und die USA, ihrer mehr als 200 Jahre alten Rolle als Unfriedensstifter in der ganzen Welt. Und das ist äußerst verharmlosend ausgedrückt. Rivalitäts- und Ressourcenkämpfe sowie Kriege im Weltmaßstab schreiben die blutige Geschichte vom Aufstieg der fortschrittlichen Industrienationen, dazu Rassismus und die brutalste Unterdrückung der nicht einmal als Menschen betrachteten Ureinwohner oder Einwohner kolonial unterjochter Länder. Seit der große Aufklärer John Locke sich für seine Dienste mit Anteilen am Sklavenhandel und mit gewaltsam beschlagnahmtem »Indianerland« bezahlen ließ, ist der westliche Liberalismus, der unsere wichtigen Werte hervorbrachte, untrennbar verbunden mit dem Kolonialismus und seinen Verbrechen. Wenn Europa daraus gelernt hat und heute (mit nach wie vor generöser Blindheit bei eigenen Wirtschaftsinteressen) für Menschenrechte in aller Welt streitet, dann auch deshalb, weil der nicht zuletzt auf diesem gewaltsamen Fundament errichtete Wohlstand es ihm ermöglicht. Nur satte Nationen wahren den Wert der Menschenrechte, ausgehungerte und hungrige Nationen tun es fast nirgends und nie.

All dies ist die traurige Beschreibung der Realität, aber selbstverständlich keine Rechtfertigung. Für den Universalismus der Menschenrechte und das Völkerrecht zu streiten, ist ein äußerst hehres und lohnendes Unterfangen. Und darauf zu beharren, wird nicht dadurch falsch, dass diese Rechte realpolitisch so oft missachtet wurden und werden. Es verzeiht auch keine Kriege und Verbrechen. Aber es wirft einen äußerst realistischen Blick auf die Bedingungen, unter denen die Menschenrechte gewahrt und eingehalten werden. Menschenrechtsverletzungen sind nur in den selteneren Fällen das Hobby oder die schräge Passion verbrecherischer Regenten – obgleich es dies gibt. Weit häufiger jedoch gehen sie einher mit instabilen Herrschaftsverhältnissen, widerstreitenden Kräften, realen oder insinuierten Bedrohungslagen und ökonomischen Notsituationen. Kurz: Sie sind verabscheuungswürdige Mittel im brutalen Kampf um Macht und Machterhalt. Nur wo tief in der Gesellschaft verankerte Stabilität besteht, ist es um die Sache der Menschenrechte gut bestellt. Und wo sollte es eine solche Stabilität geben, wenn nicht in Wohlstandsgesellschaften?

Wenn China und Indien heute nach mehr Wohlstand für ihre Bevölkerung streben und mittlerweile die Hälfte des globalen Wachstums in diesen beiden Staaten mit ihren bald drei Milliarden Menschen stattfindet, ist dies, zumindest unter den genannten Vorzeichen, nicht die schlechteste Nachricht. (Eine andere Frage ist natürlich die ökologische Frage). In Indien war, den faschistoiden Zügen der Modi-Regierung zum Trotz, früher nichts besser als heute. Und was Menschenrechtsverletzungen anbelangt, so war das China Maos um Welten schlimmer als das China Xi Jinpings. Doch nur wenige, die in den Leitmedien in Deutschland ihre Stimme erheben, vermögen dies anzuerkennen. Stattdessen tritt heute verstärkt die Derivation von der »systemischen Rivalität« zwischen dem Westen und China auf den Plan.

Wer sie benutzt, behauptet gerne eine quasi zeitlose Konkurrenz von Mentalitäten: eine europäische, die ihrem gefühlten Selbstverständnis nach schon immer durch und durch demokratisch war, und eine asiatische, die sich eigentlich nur unter diktatorischen Vorzeichen wohlfühlt. Dabei unterschlägt er allerdings nonchalant, dass in der christlich-abendländischen Zivilisation von Athen bis zum 21. Jahrhundert die gut funktionierende Demokratie stets die Ausnahme war und heute auch in manchen westlichen Ländern als gefährdet betrachtet wird. Mit einem Satz: Man friert zu Mentalität und System ein, was historischer Überprüfung nicht standhält.

Wer nicht in rassisch-ethnische Klischees aus den Zeiten des Imperialismus und Kolonialismus zurückfallen will, um vor »dem Asiaten« mit seinem kollektivistischen Denken zu warnen – als sei dies eine Verankerung im Zwischenhirn des mongolischen Schädels –, der mag kulturspezifische Unterschiede zwischen Asien und Europa entdecken, aber keine Determination für alle Veränderungen in der Zukunft, mit deren Hilfe sich das Verhalten des »Asiaten« in künftigen Tagen vorhersagen lässt. Die Phrenologie und die Kranioskopie sind tot, und ihre Relikte als Wesensbestimmungen der Völker gehören in die Entsorgungsanlage für besonders giftige Unwertstoffe. Wer im Deutschen Kaiserreich hätte den Germanen je für demokratiefähig gehalten? Das Potenzial zum Musterdemokraten jedenfalls schlummerte jahrhundertelang unentdeckt im germanischen Schädel. Erstaunlich und lehrreich, wie sehr das Sein das Bewusstsein bestimmt.

An Klischees lässt sich im 21. Jahrhundert, dem Zeitalter äußerster Sensibilität in allen Fragen des Geschlechts und der Ethnologie, also nicht anschließen. Die »gelbe Gefahr«, der Hunnensturm auf die westliche Zivilisation, die die Propheten des Abendlands so oft besangen, findet so nicht statt. Was in Asien jeden Tag größer heranwächst, sind moderne Staaten an der technologischen Weltspitze. Sie praktizieren einen radikalen, nahezu unerbittlichen Kapitalismus, der jeden Sozialliberalen an den Manchesterkapitalismus erinnert, den Marx und Engels als Feindbild vor Augen hatten. Nach China blicken, bedeutet auch hier: in die eigene Geschichte zu blicken! Wer es christlich liebt, mag hier an die Bergpredigt denken und an Jesu Ausspruch »Was siehst du den Splitter in deines Bruders Auge …?« Für den, der es profaner mag, auf Kölsch gesagt: »Wat is dann mit dir, Sportsfreund?«

Wie also soll man unter diesen Vorzeichen mit den Neuen Hungrigen umgehen? Hungrige überdies, die sich neuerdings durch etwas unbeliebt machen, was die westlichen Staaten überhaupt nicht zu mögen scheinen: Sie sind immer stolzer darauf, gerade nicht so zu sein wie Europa oder die USA. Der wirtschaftliche Erfolg geht auch hier, wie sollte es anders sein, mit einem erstarkenden Selbstbewusstsein einher, das sich aus einer anderen Balance zwischen Staat und Privatwirtschaft nährt. Und dieses fordert nicht nur die Weltökonomie heraus, sondern ebenso die Weltpolitik. Sie nötigt die westlichen Industrieländer zum kritischen Blick auf sich selbst. Denn auch wenn alle Kritik, die die USA und Europa heute an China vorbringen und ob derer sie den Staat moralisch abqualifizieren, berechtigt ist – so fragt sich doch, *wer* da spricht. Wir selbst mögen die Kraft zur Geschichtsvergessenheit aufbringen. Aber wir können nicht erwarten, dass es die Kritisierten tun. Wir mögen zu Recht stolz auf unsere Werte und auf die sehr weitgehende Einhaltung der Menschenrechte zumindest in Deutschland sein, doch im Verbund des Westens sind wir nicht die »Guten« mit der weißen Weste. Außenpolitisch, das lässt sich leider von niemandem bestreiten, steht dieser Westen in der jüngeren Geschichte weit schlimmer da, als Indien und China es tun – mal dahingestellt, ob der Grund für die bessere Bilanz der beiden asiatischen Staaten in ihrer militärischen und politischen Schwäche liegt oder tatsächlich in mehr Umsicht oder in beidem.

All das lässt über die gepanzerte Festung eines solch großen Wortes wie »systemische Rivalität« erstaunen. China konkurriert (und kooperiert zugleich) ökonomisch mit Europa und den USA um Marktzugänge und Ressourcen. Nichts anderes tun ja auch die westlichen Staaten untereinander. Aber so unterschiedlich sein Staats- und Gesellschaftsmodell ist und was auch immer man berechtigt kritisieren muss, China, und das ist das Auffällige, vielleicht sogar Irritierende, konkurriert zwar äußerst heftig, aber, wie gezeigt, eben gerade nicht systemisch. Am konfuzianisch-kommunistisch-kapitalistischen China-Werte-Mix soll die Welt sich kein Beispiel nehmen. Westliche Politiker sprechen chinesische Politiker auf die Uiguren an, aber China die US-amerikanischen Politiker nicht auf die prekäre Rolle der indigenen amerikanischen Bevölkerung. Westliche Politiker monieren Chinas Besetzung unbewohnter Inseln im Südchinesischen Meer, Peking aber kritisiert Washington nicht für die Annexion Hawaiis im Jahr 1900. So unnachgiebig und brutal China im Inland gegen Andersdenkende vorgeht, nach außen respektiert man doch deutlich eher als die USA das Völkerrechtsgebot der »Nichteinmischung«.

Das Narrativ der »systemischen Rivalität« beschreibt die derzeitige Situation also höchst einseitig. Die westlichen Industrieländer rivalisieren zwar systemisch mit China, aber China nicht systemisch mit ihnen, so viel Mühe mancher Journalist sich auch immer wieder macht, das Schema zu bedienen. Für eine Systemkonkurrenz gibt es in China gar kein Motiv, die Äußerungen mancher Verirrter einmal ausgenommen. So wird nur durch den verengten Sehschlitz vermeintlich wechselseitiger Rivalität betrachtet, Wirtschaftskonkurrenz zum erbitterten Systemkampf, Expansion zu unverhohlener Aggression, nationales Selbstbewusstsein zum hysterischen Nationalismus. Und schon befinden sich die USA und Europa in einem Abwehrkampf, einer legitimen Notwehrsituation, die auch drastische Mittel rechtfertigt. Das Narrativ entfaltet seine Dominanz, Hypothesen und Spekulationen werden zu Wahrheiten, abweichende Betrachtungen werden bekämpft oder verlacht, und die Verengung der Perspektive nimmt ihren Lauf – mit möglicherweise gefährlichen Folgen für die Welt.

Wer es aufgeklärter und realistischer liebt, dem empfiehlt sich die Lektüre einer neuen, breit angelegten Studie, die das European Council on Foreign Relations (ECFR) gemeinsam mit der University of Oxford in 21 Ländern gemacht hat.[37] Menschen in China, Indien, der Türkei, in Russland und den USA wurden ebenso nach ihrer Weltsicht befragt wie jene aus elf europäischen Ländern. Dazu kamen Menschen aus Brasilien, Indonesien, Saudi-Arabien, Südafrika und Südkorea. Für die Politologen Timothy Garton Ash, Ivan Krastev und Mark Leonard ergeben sich aus der Studie äußerst bemerkenswerte Aufschlüsse: »Die führenden europäischen und US-amerikanischen Politiker neigen dazu, die Welt durch die Linse des Wettstreits ideologischer und politischer Systeme zu sehen, in denen du entweder auf der Seite des Westens stehst oder gegen ihn bist. Aber die Ergebnisse der großen Meinungsumfrage zeigen, dass Menschen überall in der Welt stattdessen ein À-la-carte-Arrangement bevorzugen, bei welchem ihre Regierungen ganz pragmatisch aussuchen, wer ihre Partner sein sollen, je nachdem, um was es gerade geht. China und Russland wettstreiten nicht mit dem Westen, wenn es darum geht, wie attraktiv sie als Ort zu leben sind, oder hinsichtlich des Wertesystems, in dem die Menschen leben wollen. Viele Menschen befürworten, dass ihre Länder in Sicherheitsfragen verstärkt mit dem von den USA geführten (westlichen) Block zusammenarbeiten, aber sie bevorzugen die wirtschaftliche Kooperation mit China. Alles in allem wollen die Menschen außerhalb des Westens weder eine zu enge politische Ausrichtung an China noch an Europa und den USA. Das ist vielleicht am deutlichsten, wenn es um Fragen von Krieg und Frieden geht. Die meisten Menschen in den nicht westlichen Ländern wollen, dass Russlands Krieg gegen die Ukraine so schnell wie möglich endet, auch wenn das bedeutet, dass Kiew Gebiete abtreten muss. Der Wert, den die Menschen dem westlichen Lebensstandard und dessen Werten zusprechen, übersetzt sich nicht in einen Glauben in das politische Projekt Europa oder in die Widerstandsfähigkeit liberaler Gesellschaften. Viele Menschen außerhalb des Westens zweifeln daran, dass die EU oder die liberalen Gesellschaften überhaupt in der Breite überleben werden.«[38]

Der Befund der drei renommierten Politologen löst die Rede von der »systemischen Rivalität« in eine ganz andere Realität auf. Die aufstrebenden Staaten der Welt bilden demnach keine neuen Entweder-oder-Pole, keine Machtzentren mit einem Hofstaat getreuer Vasallen unter den kleineren und schwächeren Staaten. Stattdessen denken sie utilitaristisch nach dem Nützlichkeitsprinzip und bevorzugen Allianzen in alle Himmelsrichtungen zu ausgewählten Zwecken. Statt des ganzen Menüs, etwa Europa mit seinen rechtstaatlichen Grundsätzen, wird à la carte bestellt. Man pickt sich heraus, was gerade passt. Auf diese Weise entsteht nach dem Ende der statischen Unipolarität der Vereinigten Staaten eine äußerst flexible und dynamische multipolare Weltordnung.[39] Staaten agieren darin eher wie Unternehmen, die ihre Geschäftspartnerschaften rein strategisch und nützlich eingehen, ganz gleich, ob man nun weltanschaulich auf einer Linie liegt. Wer gewohnt ist, im Muster des Kalten Krieges zu denken (die »freie Welt« und der »Ostblock«), mit seinen lebenslangen »katholischen Ehen« (Ivan Krastev) unter den Bündnispartnern, dem nötigt der Befund der ECFR-Studie ein strukturelles Umdenken ab.

Die Welt des 21. Jahrhunderts ist nicht bipolar, kein einfaches Freund-Feind-Schema, und die Konflikte in ihr sind es entsprechend auch nicht. Es geht in Zukunft definitiv nicht um die unrealistisch verkürzende Frage: Hältst du es mit den USA oder mit China? Oder um es mit dem kenianischen UN-Botschafter Martin Kimani zu sagen: »Das System, in dem wir leben, hat sein Verfallsdatum erreicht. Ein System, bei dem man die Hegemonialmacht von der einen Seite der Welt gegen die von der anderen Seite der Welt austauscht und die, die dazwischenstehen, sich entscheiden müssen, welcher Machtpol für sie spricht. Für uns Kenianer, Afrikaner ist das kein tragfähiges Modell mehr.«[40]

Für den überwiegenden Teil der Welt hat das alte

Muster von der systemischen Rivalität längst ausgedient. Statt vor einer Konfrontation von Machtblöcken steht die Welt entsprechend der multipolaren Weltordnung vor multipolaren Konflikten. »Die Hauptgefahr für unsere Freiheit, Gleichheit, Sicherheit und Menschenwürde«, schreibt Manfred Nowak, Professor für Internationales Recht und Menschenrechte an der Universität Wien, sind »globale Krisen, ethnisch und religiös motivierte Konflikte und Kriege, internationale Finanzmärkte und transnationale Konzerne, Drogen-, Waffen- und Menschenhändler, globale Terrornetzwerke, Söldner, private Sicherheits- und Militärfirmen, Geheimdienste oder Umwelt- und Klimakatastrophen«.[41] Und auch wenn dieser Satz inzwischen acht Jahre alt ist und 2022 der Ukraine-Krieg ebenso hinzugekommen ist wie 2023 der aufgeflammte Nahostkonflikt – an der Tatsache der neuen außenpolitischen Unübersichtlichkeit und der Fülle diffuser Gefahren hat sich nichts geändert. Nahezu alles, was sich gegenwärtig an Bedrohungen und Gewaltakten ereignet, passt nicht mehr in ein binäres Schema von Weltanschauungen wie ehedem Kapitalismus versus Kommunismus oder in eines von Regierungsformen wie Demokratien versus Autokratien.

Doch bekanntermaßen fällt, wie gezeigt, vielen in Europa die Anpassung der Gedanken an die neue Realität nicht leicht. Klare Freund-Feind-Linien machen das Denken leichter und die Welt übersichtlicher – aber sie verzerren zugleich und trüben dadurch die Wahrnehmung. Besonders deutlich zeigt sich die mangelnde Übereinstimmung von neuer Welt und altem Muster beim Ukraine-Krieg. Zu den bei Thinktanks und in Talkshows eingebürgerten Redensarten gehört, die Haltung Chinas, Indiens, Brasiliens und Südafrikas als *sitting on the fence* zu beschreiben. Während zwei sich prügeln – der Westen und Russland –, säßen sie teilnahmslos auf dem Zaun, statt für den Westen Partei zu ergreifen. An diesem Bild ist so ziemlich alles falsch. Zunächst einmal, um im Bild zu bleiben, ist die Prügelei für China, Indien, Brasilien und Südafrika bei Weitem nicht so relevant, als dass sie sich dafür allzu brennend interessieren müssten. Das Weltgeschehen aus der Sicht dieser Staaten kennt hinreichend andere Kriege und Konflikte, die für sie ebenso bedeutsam sind. Das Bild von den vermeintlichen Zaunsitzern entbehrt also nicht einer gewissen Arroganz, bei der die USA und Europa ihre militärischen Konflikte selbstredend für die wichtigsten der Welt halten. Zum Zweiten, und darauf hat wiederum Ivan Krastev hingewiesen, »sitzen« die Chinesen, Türken, Inder, Brasilianer und Südafrikaner nicht, sondern sie verhalten sich äußerst dynamisch.[42] Nicht nur haben mehrere dieser Länder sich aktiv um Friedensverhandlungen und diplomatische Lösungen im Ukraine-Krieg bemüht – sie sind auch sonst höchst umtriebig damit beschäftigt, in einer sich rasant verändernden Welt zu ihrem eigenen Vorteil zu kommen.

All das findet nicht im Verborgenen statt, sondern auf dem Parkett der Weltpolitik, etwa bei den G-20-Treffen. Die neue Multipolarität, die in ihrer Interessenspolitik keinem festen ideologischen Schema folgt, ist weithin sichtbar. Doch warum wird sie, insbesondere in Deutschland, so selten öffentlich als das wahrgenommen und beschrieben, was sie ist?

VII.

Systemische Rivalität als bewusste Entscheidung, die Macht der Gefühle und die Mittel kognitiver Kriegsführung

Es ist ein altes Buch, und sein Anlass war der Versuch, den Aufstieg des Faschismus in den Zwanziger- und Dreißigerjahren zu verstehen. 1935 erscheint Ernst Blochs *Erbschaft dieser Zeit*. Der Philosoph findet darin die gleichsam zeitlosen Muster, die erklären, warum und wodurch demokratische Gesellschaften in kürzester Zeit verrutschen und sich in ihr Gegenteil verwandeln können. Blochs Deutung steht unter dem Begriff der »Ungleichzeitigkeit«. Die Bewusstseinszustände vieler Zeitgenossen sind nicht immer zeitgemäß, sondern manchmal ihrer Zeit voraus oder sehr viel häufiger ihr gegenüber zurück. Dabei ist vor allem Letzteres gefährlich. Die von der Moderne und dem gesellschaftlichen Wandel Überforderten stellen sich leicht quer gegen den gesellschaftlichen Fortschritt und reagieren darauf mit Unbehagen und Abwehr. Gelingt es einer

Bewegung wie den Nationalsozialisten, die Menschen in dieser Rebellion abzuholen und ihre Sehnsüchte in ihr eigenes Fahrwasser zu lenken, so steht ihrem schnellen Aufstieg nichts im Wege.

Die besondere Pointe von Blochs Analyse des überforderten Bewusstseins und der »Ungleichzeitigkeit« ist: Sie erklärt nicht nur den Erfolg des Nationalsozialismus, sondern sie liefert die geradezu zeitlose Blaupause, die präzise erklärt, warum schneller gesellschaftlicher Wandel fast immer zu heftigen Gegenbewegungen führt und Revolution stets von Trotz und Restauration begleitet wird. Sofern es um andere Gesellschaften als die unsere geht, lassen sich die Menschen in den westlichen Industrieländern auch gerne von solchen Fallstricken der »Ungleichzeitigkeit« überzeugen. Ist das revanchistische Russland, das von altem Glanz, nationaler Stärke und folgsamen Vasallen nicht nur träumt, sondern all das brutal erzwingen will, nicht ein eindrucksvoller zeitgenössischer Beweis für eine »Ungleichzeitigkeit«? Ein archaisches Muster im 21. Jahrhundert? Ungewohnter ist es schon, im gesamten Krieg in der Ukraine, also bei Vorgängen auf beiden Seiten, die Muster als aus der Zeit gefallen zu beschreiben: die grausigen Heldengesänge, die Rückkehr von Blut und Boden, die atavistische Rhetorik sowie den Jubel über die Toten der anderen.

Aber man würde sich täuschen, zu glauben, ein solcher Anachronismus wäre ausschließlich Sache als rückständig empfundener Staaten wie Russland, mithin ein Relikt chauvinistischer Kultur – falls »Kultur« hier das richtige Wort ist. Martialische Rhetorik ist leider auch den westlichen Gesellschaften heute nicht mehr so fremd, wie sie es lange zu sein schien. So keimt mit dem Überfall der russischen Armee auf die Ukraine selbst im zuletzt so friedlichen Deutschland ein verändertes Verhältnis zum Martialischen auf, und sei es bislang vor allem in den sozialen Netzwerken sowie in der Rhetorik von Talkshow-Gästen und der Massenmedien. Die Aggression gegen Andersdenkende, denen zuverlässig »Zynismus« oder gar Sympathie mit dem Angreifer unterstellt wird, hat ein für die Verhältnisse in der Bundesrepublik neues Maß erreicht. Erstaunlich leichtfertig greift manch einer dabei in den Kasten, aus dem sich ungeheurere Geschichtsausdrücke und Klischees hervorholen lassen. Russland wird zu einem unersättlichen Monster stilisiert, von dem eine unmittelbare militärische Gefahr für Deutschland ausgehen soll. Und ungeheure Vorstellungen wie die Idee, Europa könne eine mit Russland konkurrierende Atommacht werden, geistern durch die öffentlichen Diskussionen. So büßt die Gesellschaft, wie Cassirer allgemein und überzeitlich für Krisenzeiten herausgearbeitet hat, leicht jedes Maß ein.[43] Sie verliert ihre Vielfalt an Ausdrucksformen und Sinnbildungen und fällt sukzessiv ins mythische Stadium zurück. Die Vernunft gerät in die Defensive. Die Sprache wird zum Träger von Affekten, und Vorurteile spreizen sich zu Wahrheiten auf und ersetzen das Denken. An die Stelle von Differenzierungen tritt eine anspruchslose Unmittelbarkeit, flankiert von überdimensionierten Totalerklärungen.

Kein Zweifel: Der russische Angriff auf die Ukraine hat auch in Ländern wie Deutschland nachvollziehbarerweise viele starke Gefühle, aber mit ihnen leider auch solche aus dem Bodensatz, aufgewirbelt, die nicht unbedingt zum klaren Blick beitragen. Aus dem komplizierten Gefilz an Motiven, die den völkerrechtswidrigen russischen Überfall motiviert haben mögen – Machtinteressen, Einflusszonen, Sicherheitsdoktrinen, gefühlte Demütigungen, Revanchismus, Nationalismus, der Zugang zu Meeren, Handelswegen und Ressourcen usw. –, sucht sich derzeit jeder das heraus, was am besten zu seinen Gefühlen und in sein Weltbild passt und macht daraus *die* Erklärung.

Für die Freunde der Vorstellung, das 21. Jahrhundert sei der Schauplatz systemischer Rivalität von Demokraten und Autokraten, eine Sichtweise, die älter ist als der Angriff auf die Ukraine, wurde der Krieg zu *dem* Beweis von der vollumfänglichen Richtigkeit ihrer Derivation. Der russische Überfall auf die ehemalige Sowjetrepublik wurde kurzerhand zum Angriff gegen »den Westen« erklärt, sodass er nahtlos in die Derivation passt: Russlands Krieg gegen die Ukraine als erster Schritt auf einem Weg, auf dem als Nächstes die durch den US-Atomschirm geschützten baltischen Staaten sowie die ebenfalls geschützten Länder Polen und Deutschland lägen, was übrigens unweigerlich einen Atomkrieg auslösen würde und Russlands Präsidenten Wladimir Putin nicht nur zum skrupellosen Machtpolitiker macht, der er ohne Zweifel ist, sondern ihn auch zum hirnverbrannten Idioten erklärt. Der Mann, der seit über zwei Jahrzehnten Russland regiert, wird kurzerhand zum durchgeknallten Fantasten, der davon träumen soll, Länder wie Polen und Deutschland nicht nur militärisch zu besiegen, sondern ebenso mit vielen Millionen Soldaten zu besetzen und dauerhaft unter seiner Kontrolle zu halten, aus welchen unerfindlichen Gründen auch immer. Einmal in Fahrt, lassen sich dann China, das seit Tibet 1959 kein anderes Land überfallen hat,[44] und Russland gleich in einem Atemzug nennen; systemische Rivalen sind halt systemische Rivalen. Getreu der im vorangegangenen Abschnitt kritisierten Logik: Wer den USA und den Europäern in ihrer militärischen Unterstützung der Ukraine nicht folgt, kann nur ihr systemischer Gegner sein, selbst dann, wenn diese Länder die Mehrheit der Welt sind.

So tausendfach die Erzählung inzwischen massenmedial wiederholt wurde, dass mit der Ukraine der »Westen« angegriffen worden sei, so neblig ist doch die Begründung. Was genau ist der »Westen«? Man kann ihn als Synonym für die westlichen Industrienationen sehen, denen früher der »Ostblock« gegenüberstand, so wie es bis zum Ende des Kalten Krieges üblich war. Dann aber gehören Länder wie Bulgarien oder die Ukraine nicht selbsterklärend zum Westen. Man kann den Westen mit der christlich-abendländischen Kultur gleichsetzen, aber dann gehören weder die Türkei noch Israel dazu. Oder man kann ihn wie die UNO als eine von fünf regionalen Gruppen sehen, als WEOEG (Western European and Others Group). Dann gehören auch Australien, Neuseeland und Japan dazu. Aber wohl kaum jemand wird behaupten wollen, dass die letztgenannten Länder von Russland in der Ukraine mit angegriffen wurden.

Eine ganz andere, sehr pragmatische Definition schlägt der Historiker Heinrich August Winkler vor. Dass der »transatlantische Westen« eine »politische Einheit« sein soll, ist, wie Winkler schreibt, eher ein politisches Projekt als eine historische Tatsache. So entstand, nach Winkler, »mit der NATO ... ein Verteidigungsbündnis, das den ›Westen‹ neu definierte: Staaten, die der Nordatlantischen Allianz beitraten, galten auch dann als ›westlich‹, wenn sie wie Griechenland und die Türkei nie einen Teil des alten Okzidents gebildet hatten. Ihren Anspruch, ein Bündnis freiheitlicher Demokratien zu sein, interpretierte die NATO sehr pragmatisch: Das autoritär regierte Portugal war ein Gründungsmitglied; die undemokratischen Strukturen der Türkei standen nicht ihrer Aufnahme im Jahr 1952 im Weg.«[45]

Die NATO bildet ein Verteidigungsbündnis mit dem ihrem ersten Generalsekretär, Lord Ismay, zugeschriebenen Grundsatz: »To keep the Americans in, the Russians out and the Germans down.«[46] Und dafür wurde unter anderem Portugal aufgenommen, das »keine Demokratie« war, »sondern ein seit Jahrzehnten von António de Oliveira Salazar diktatorisch regiertes Land, das diesen Mangel aus amerikanischer Sicht durch seine strategische Bedeutung ausglich«.[47]

Der Westen ist, folgt man Winkler, vor allem ein militärischer Begriff, weitgehend gleichbedeutend mit der NATO. Umso schwieriger ist, dass er heute offensichtlich viel mehr bedeuten soll. Wird der Westen nicht zunehmend wie eine Moralkategorie behandelt, definiert durch Rechtsstaatlichkeit, Liberalität und eine intakte Demokratie, also eben durch »westliche« Werte? Und hält er nicht dadurch dafür her, ethisch besonders vorbildliche von anderen Staaten zu trennen? Das aber führt zu einem kaum diskutierten Widerspruch, nämlich dem, dass sich die ethische Kategorie »Westen« mit der militärischen nicht deckt; man denke nur an Ungarn und die Türkei. Oder auch an die unterschiedliche Einschätzung in Frankreich und in Deutschland, was die moralische Rolle der USA betrifft. Der Westen, so wie wir das Wort heute gerne gebrauchen, trägt damit Elemente einer Derivation. Weder quantitativ noch qualitativ sauber bestimmt, steht er zwar für ein WIR. Aber dieses WIR ist inhaltlich reichlich unscharf. Den »Westen« im Krieg mit »systemischen Rivalen« zu sehen, ist jedenfalls keine Tatsachenbeschreibung, sondern die bewusste Entscheidung zu einer nicht selbsterklärenden Narration, die ihren Wirklichkeitswert nicht einfach daraus gewinnt, dass sie zurzeit nahezu tagtäglich wiederholt wird.

Aus russischer Sicht erzählt sich die Geschichte vom Angriff auf den Westen bezeichnenderweise genau andersherum. Mit dem Einmarsch in die Ukraine, so das russische Narrativ, sei nicht der Westen angegriffen worden. Dieser erweise sich jedoch in dem Ausmaß als »Feind«, in dem er sich massiv militärisch in der Ukraine – nach russischem Selbstverständnis ein zumindest quasirussisches Territorium – einmischt.[48] Wer hier die Henne und das Ei ist, hängt also davon ab, wie man es sehen möchte. Interessanterweise fühlen sich auch nicht alle Länder des Westens von Russland mit angegriffen; die Türkei und Ungarn tun es nicht und die Slowakei wohl auch nicht mehr so recht. In anderen Ländern hingegen, besonders stark in Deutschland, wird Russlands Angriff auf die Ukraine seit dem 24. Februar 2022 oft als ein gefühlter Angriff auf sie selbst interpretiert, etwa wenn es sowohl auf der Homepage der CDU/CSU-Fraktion als auch auf jener der Grünen heißt, Deutschlands Freiheit werde in der Ukraine verteidigt.[49]

Auf diese Weise sucht sich jeder heraus, was gerade passend erscheint. Denn in der Interpretation als von Russland in der Ukraine implizit Mitangegriffene können sich die USA und Europa, bei aller notwendigen und hochverständlichen Empörung über den brutalen Angriffskrieg, beharrlich weigern, über die eigene Rolle nachzudenken. Die Frage, ob der russische Überfall hätte verhindert werden können, wurde und wird weiterhin pauschal mit Nein beantwortet. Und wer danach fragte und fragt, was alles in den zwei Jahrzehnten zuvor falsch gelaufen ist und warum es nicht gelang, jene gesamteuropäische Sicherheitsarchitektur unter Einbezug Russlands herzustellen, auf die Michail Gorbatschow und Putin wiederholt gedrängt hatten, galt und gilt vielen schnell als Parteigänger Russlands.

Die Derivation vom »angegriffenen Westen« verstärkt somit das WIR-gegen-DIE-Schema, und zwar nicht nur militärisch, sondern in gleichem Maße ideologisch: als Kampf der Demokratien gegen Autokratien. Und das, obgleich die behauptete Freund-Feind-Linie sich, wie gezeigt, in der Realität ja gar nicht entlang der Gräben von Demokratien und Autokratien erstreckt. Sondern sie verläuft entlang der Linie westlicher, sprich: US-amerikanischer Einflussbereich, versus nicht westlicher Einflussbereich. Man sollte sich die kleine Mühe machen, diese Schablone über die politische Welttopografie von demokratisch »Gut« und autokratisch »Böse« zu legen. Sie passt!

Eigentlich hatten US-amerikanische Denkfabriken die »systemische Rivalität« vor allem gegen den Wirtschaftskonkurrenten China ersonnen. Doch der russische Angriffskrieg verleiht der Derivation eine solche Wucht, dass es verführerisch ist, sie in größtmöglichem Maße zu nutzen. Treiber dieser Entwicklung ist eine politische Gruppierung in den USA, für die sich der Name *Neocons* eingebürgert hat. Ihre Mission seit den späten Siebzigerjahren lässt sich am besten aus der Sorge beschreiben, den Kapitalismus bestmöglich vor allen erdenklichen Gefahren zu schützen. Innenpolitisch stehen die US-Neokonservativen deshalb für einen Liberalismus, der jedes gemutmaßte Zuviel an Sozialstaat bekämpft. Und außenpolitisch verfechten sie die Position einer maximalen Expansion. Nur eine Welt aus liberalen Demokratien ist eine gute Welt, und wo auch immer diese durch Bedrohungen gefährdet sind oder sich die Chance bietet, neue zu etablieren, sieht man sich in der Pflicht, außenpolitisch tätig zu werden, im Zweifelsfall eben militärisch. In den Worten von Irving Kristol, dem wichtigsten Vordenker und Organisator der Neocons: »Erstens, Patriotismus ist eine natürliche und gesunde menschliche Regung. Zweitens, eine Weltregierung ist eine schreckliche Vorstellung, da sie zu einer Welttyrannei führen kann. Internationalen Organisationen, die auf dieses Ziel zuarbeiten, sollte mit dem größten Misstrauen begegnet werden. Drittens, Staatsmänner sollten vor allem die Fähigkeit haben, Freund von Feind auseinanderzuhalten.«[50] Aus diesen Gründen ist Macht- und Hegemonialpolitik für Kristol unzweifelhaft etwas Gutes: »Für eine Großmacht sind ›nationale Interessen‹ kein geografischer Begriff, es sei denn, es dreht sich um eher prosaische Angelegenheiten wie Umwelt- oder Handelsabkommen. Ein kleines Land mag völlig zu Recht zum Schluss kommen, dass seine nationalen Interessen an seinen Grenzen anfangen und enden, sodass seine Außenpolitik immer defensiv gestimmt bleibt. Ein größeres Land hat etwas umfassendere Interessen. Große Länder schließlich, deren Identität auf einer Ideologie beruht – wie die UdSSR früherer Tage oder die Vereinigten Staaten von heute – haben zusätzlich zu eher materiellen Sorgen *unweigerlich ideologische Interessen.*«[51]

Kristol ist ein guter Schüler von Pareto. Derivationen, oder, wie er selbst sagt, »Ideologien«, sind für ihn etwas Unabdingbares. Und die Vorstellung eines universalistischen Moralmaßstabs in der Politik, verkörpert etwa durch die UNO, ist ihm ein Gräuel. Interessen sind wichtiger als Moral, zumal wenn der moralisch Gute, wie die Vereinigten Staaten, diese Interessen hat. Von diesem Geist beseelt, initiierte Kristol über Jahrzehnte ein beeindruckendes Netzwerk an neokonservativen Denkfabriken, Instituten und Stiftungen in den USA und Europa, regte die Gründung von Elitejournalen an und sah zu, dass sich der Einfluss des neokonservativen Denkens in den Massenmedien ständig ausweitete. Auf diese Weise bekam der Neokonservativismus seit der Zeit der Präsidentschaft Ronald Reagans einen enormen Einfluss auf das Klima der öffentlichen Meinung in den USA, und er beseelte nicht nur die republikanische, sondern inzwischen weit stärker die demokratische Partei. Untrennbar verbunden mit dem militärisch-industriellen Komplex saßen und sitzen die Neokonservativen an vielen Schalthebeln der Macht, insbesondere im United States National Security Council (NSC), der Machtzentrale der US-amerikanischen Außen- und Sicherheitspolitik.

Für Deutschland war der US-amerikanische Neokonservativismus lange nicht besonders wichtig. Die Regierungen von Helmut Schmidt bis Helmut Kohl verhielten sich hier weitgehend indifferent. Die Hegemonie der USA war ein Faktum und bis zum Mauerfall auch eine als existenziell empfundene Sache, bot sie den Deutschen doch einen militärischen Schutz, den sie niemals alleine bewerkstelligt hätten. Der ideologische Anteil der Neocons, der Auftrag zur Expansion des liberalen Gesellschaftsmodells, hingegen blieb den Deutschen lange fremd, insbesondere nach dem Kalten Krieg. War es nicht Zeit für ein Ende der Ideologien und eine neue Ära pragmatischer Politik gegenüber einstigen Rivalen wie Russland und China?

Bezeichnenderweise sahen die Neocons die Sache völlig anders. Ihr Einfallstor in die deutsche Politik waren vor allem die transatlantischen Netzwerke. Die Geschichte dieser Netzwerke in Deutschland ist eine Erfolgsgeschichte, die viel zu selten öffentlich betrachtet wird. Gegründet wurden viele von ihnen in der unmittelbaren Nachkriegszeit, getrieben von der Sorge: Würde Deutschland ein sicherer Verbündeter der USA sein und bleiben? Wer konnte schon wissen, in welche Richtung sich das kurz zuvor noch nationalsozialistische Deutschland entwickeln würde? Kein Wunder also, dass sich in der Bundesrepublik zahlreiche privat wie öffentlich finanzierte Initiativen gründeten, die die neue Zusammengehörigkeit zu den Vereinigten Staaten kulturell, politisch und massenmedial gründlich festigen sollten, von geheimdienstlicher Kooperation über Elitezirkel und Zeitungen bis zu allgemeinen Kulturveranstaltungen.[52]

Mit dem Ende des Kalten Krieges jedoch verloren die transatlantischen Netzwerke viel von ihrer ursprünglichen Funktion. Die Bundesrepublik war definitiv im Westen angekommen, und die politische Freundschaft zu den USA stand nirgends zur Disposition. Zudem war der große Feind weggefallen, der den Westen bedrohte, und ein alternatives Gesellschaftsmodell, das den westlichen Liberalismus gefährlich infrage stellte, war nirgendwo in Sicht. Doch statt sich zurückzunehmen, intensivierten die transatlantischen Netzwerke gerade jetzt erheblich ihren Einfluss und bekannten sich immer stärker zur neokonservativen Ideologie. Die Zahl der Stiftungen, Initiativen und Institute, die die Weltsicht der Neocons in Deutschland vertraten, wuchs beträchtlich an. Und dies schien aus ihrer Sicht auch dringend nötig zu sein. Gerhard Schröders von der deutschen Wirtschaft flammend begrüßter Kurs einer starken wirtschaftlichen Annäherung an Russland und seine weithin inszenierte Freundschaft mit dem russischen Präsidenten wurden von den USA von Anfang an als gewaltiges Problem betrachtet. Man denke nur an die mehrfach wiederholten unverblümten Aussprüche des neokonservativen US-Sicherheitsexperten George Friedman aus dem Jahr 2015, dass zwei Dinge nie geschehen dürften, weil sie die Hegemonie der USA gefährdeten: eine Annäherung Japans und Chinas (eine neue asiatische Supermacht) und die Verflechtung Deutschlands mit Russland (eine neue europäische Supermacht). Deshalb sei die »Aufrechterhaltung eines starken Keils zwischen Deutschland und Russland ... für die Vereinigten Staaten von überwältigendem Interesse«.[53] Dass sich Russland und China annähern könnten, so wie es nun im Gefolge des Ukraine-Kriegs geschieht, ja, schlimmer noch, dass Russland in Abhängigkeit von China gerät, hatte Friedman seltsamerweise gar nicht auf dem Schirm.

Die Vorgänge in Deutschland während der Zeit der Schröder-Regierung wurden von den Neokonservativen in den USA also mindestens als so beunruhigend empfunden wie ehemals die Ostpolitik Willy Brandts. Dabei zeichnete sich weithin sichtbar ein Paradox ab, das bis heute nicht aufgelöst ist. Auf der einen Seite verlangten insbesondere die USA, das vereinigte Deutschland müsse eine »stärkere Rolle in der Welt« spielen und mehr »Führungsverantwortung« übernehmen – gemeint waren stets höhere Militärausgaben sowie die militärische Beteiligung an Kriegen im Ausland. Auf der anderen Seite war mit Eigenverantwortung aber gerade nicht »eigen«, also Selbstständigkeit gemeint, wie Schröder sie verstand. Denn dass Deutschland oder gar Europa nun eine eigenständige Rolle in der Weltpolitik spielen könnten, möglicherweise in einer Äquidistanz zu den USA und zu Russland, erschien nicht nur den Neokonservativen in den Vereinigten Staaten als dramatische außenpolitische Fehlentwicklung.

Die transatlantischen Netzwerke wurden somit umso wichtiger. Sie bildeten fortan das Gegengewicht zu Schröders Annäherungskurs und drängten zunehmend und sehr viel sichtbarer auf gesellschaftlichen Einfluss. Kaum ein deutscher Außenpolitiker der etablierten Parteien oder leitender Journalist eines überregionalen Massenmediums, der heute nicht Mitglied in mindestens einem, meist in vielen transatlantischen Netzwerken ist.[54] Die Schröder-Regierung und nach ihr die Merkel-Regierung gerieten damit in eine Zwickmühle. Während sie wirtschaftspolitisch weiterhin Kurs auf Russland und China nahmen, insbesondere aufs russische Gas und den chinesischen Markt, stimmten sie verteidigungspolitisch Schritt für Schritt der Aufnahme zahlreicher osteuropäischer Staaten in die NATO zu. Und statt sich in ihrer alten Form nach dem Ende des Kalten Krieges aufzulösen und neu zu definieren, wie führende deutsche Politiker, etwa Egon Bahr und Hans-Dietrich Genscher, erhofft hatten, verdoppelte sich das US-dominierte Militärbündnis nach und nach von 15 Staaten im Jahr 1991 auf heute 30 Staaten.

Dass die paradoxe Strategie – wirtschaftliche Annäherung bei fortschreitender militärischer Expansion – ein gefährliches Spiel war, ließ sich spätestens mit Putins Anklage des Westens bei der Münchner Sicherheitskonferenz im Jahr 2007 wissen. Doch anstatt einen neuen, intensiven Dialog einzuleiten, führten die Vorwürfe des russischen Präsidenten gegen die USA und die NATO zum heftigen Bruch. Am Ende der immer schlechter werdenden Entwicklung stand das schreckliche Ende des russischen Angriffskriegs gegen den ausgeguckten NATO-Beitrittskandidaten Ukraine. Auch aus deutscher Sicht ist der Krieg, der für sich fürchterlich genug ist, eine Tragödie. Warum ist es nicht gelungen, ihn im Vorfeld zu verhindern? Warum kippte die Entwicklung der Annäherung und Aussöhnung in die gegenteilige Richtung – bis hin zur völligen Verhärtung der russischen Politik?

Die Neokonservativen hingegen sahen sich in ihrem Weltbild bestätigt. War und ist der »Machthaber«, »Diktator«, »Despot« und »Autokrat« im Kreml nicht zu allem fähig? Und hat er nicht mit dem völkerrechtswidrigen Angriff auf die Ukraine dem gesamten Westen den Krieg erklärt? So kam im zweiten Kriegsjahr, 2023, eine Flut an Büchern auf den deutschen Buchmarkt, in denen von nichts anderem als von der »systemischen Rivalität« und dem Kampf der Demokraten gegen die Autokraten die Rede ist. Bezeichnend für all die Schriften, die von Politikern, Journalisten und Angestellten transatlantischer Institutionen verfasst sind, ist, dass der eigene Standpunkt, also jener der Neokonservativen und ihrer Verbündeten, nicht kritisch reflektiert wird. Die Guten sehen sich mit den Bösen konfrontiert, sie erwachen schockiert und unvermittelt aus ihren friedlichen Träumen und müssen nun mühsam, aber ganz schnell lernen: Das Einzige was hilft, sind wirtschaftliche Unabhängigkeit, Härte, Entschlossenheit und vor allem: viel mehr Waffen. Und ebendies hören auch die deutschen Zuschauer fast jeden Abend in den Talkshows.

Kein Zweifel, die Weltsicht der Neocons trägt heute Früchte, von denen der 2009 gestorbene Kristol kaum zu träumen gewagt hätte. Kaum eine mediale Gesprächsrunde in Deutschland zu außenpolitischen Themen, in der nicht Menschen auftreten, die in transatlantischen Organisationen angestellt oder mit ihnen assoziiert sind. Dabei handelt es sich naturgemäß nur in den seltensten Fällen um einen unparteiischen oder zumindest distanzierten Beobachter (oder häufig Beobachterin) des Geschehens. Darüber können auch möglichst neutral klingende Institutionen kaum hinwegtäuschen, etwa wenn ein Vertreter der Deutschen Gesellschaft für Auswärtige Politik (DGAP) in einer Talkshow sitzt oder eine Vertreterin von der Stiftung Wissenschaft und Politik (SWP). Was sich nach neutralen und distanzierten Institutionen anhört, ist de facto genau das Gegenteil. Die DGAP ist ein Netzwerk und eine Denkfabrik, die 1955 in Zusammenarbeit mit dem Council on Foreign Relations und dem Institut Chatham House gegründet wurde und heute stärker denn je eine transatlantische Lobbyorganisation ist.[55] Nicht anders verhält es sich mit der SWP, die aufs Engste mit der NATO verknüpft ist. Ebenso handelt es sich bei der Atlantik-Brücke, dem German Marshall Fund, dem American Council on Germany und vielen anderen, die in kaum einer deutschen Talkshow zu China oder zum Ukraine-Krieg fehlen, um Stiftungen und Institutionen, die seit den Fünfzigerjahren die Westbindung der Bundesrepublik Deutschland sicherstellen sollen.

Selbstverständlich ist auch die Position der Neocons eine legitime Sichtweise im Meinungsspektrum einer liberalen Demokratie. Schwer verständlich ist nur, warum sie medial so dermaßen dominant ist, dass alle anderen Positionen dadurch marginalisiert werden. Selbsterklärend ist das nicht. Denn anders als bei den immer wieder ausgewählten Talkshow-Gästen gibt es in der deutschen Bevölkerung für die Agenda der Neokonservativen keine Mehrheit. Nach einer Umfrage der Körber-Stiftung vom November 2023 plädierten 54 Prozent der Bundesbürger dafür, dass sich Deutschland bei internationalen Krisen stärker zurückhalten sollte, und nur 38 Prozent wünschen sich mehr Engagement.[56] Zudem waren drei Viertel der Befragten der Ansicht, das deutsche Engagement solle vorwiegend diplomatischer Natur sein. Gerade einmal zwölf Prozent der befragten Deutschen befürworten mehr militärisches Engagement.

In den deutschen Talkshows aber ist das Meinungsbild fast immer ein ganz anderes. Hier dominieren die Befürworter der neokonservativen Einmischung und der verstärkten Aufrüstung die Runden. Auf diese Weise stabilisieren viele Talkshows, die eigentlich dem wahrheitssuchenden Diskurs dienen sollten, nur eine bestimmte Sichtweise und Erzählung. Und sie bilden dabei zugleich das aus, was der französische Soziologe Pierre Bourdieu als »Doxa« bezeichnet hat: internalisierte Glaubenssätze und Annahmen in einer Gesellschaft, die weder kritisiert noch debattiert oder hinterfragt werden können, ohne dass sich der Zweifler massenmedial zum Abschuss stellt. Denn wer die Dinge anders sieht als das Narrativ, wird zum Verräter, zum nützlichen Idioten der Bösen, zum trojanischen Pferd gegenüber der Solidarität, zum Defätisten, der die Moral und Festigkeit untergräbt, oder zum verrückten Selbstdarsteller in eigener Mission – und all dies in einer pluralistischen Demokratie, die stolz auf ihre Massenmedien ist, die ihrem Selbstverständnis nach den allgemeinen Diskurs fördern, kritisch hinterfragen, den Regierenden auf die Finger klopfen und möglichst viele kontroverse Meinungen angemessen zur Geltung bringen will.[57]

Fast nie thematisiert wird in dieser Atmosphäre, was in den veröffentlichten Debatten fehlt. Nur äußerst selten etwa treten Experten für die existenzielle Seite des Krieges auf, sondern, je länger der Krieg in der Ukraine dauert, immer mehr Experten für die technisch-operative Seite. Stets geht es um Taktiken und Waffen, vermeintliche oder echte Frontdurchbrüche oder militärische Zielsetzungen. Das tagtägliche Morden in den Schützengräben tritt dahinter zurück wie in einem Videospiel. Russische und ukrainische Leichen werden fast nur gezeigt, wenn Zivilisten getötet wurden; Leichenberge von Soldaten muss man in den sozialen Netzwerken suchen. Wo sind die Experten, die darüber berichten, jene Seite des Krieges, die hundertmal mehr Realität zeigt als eine Militärkarte? Und wo sind all jene Experten, die äußerste Vorsicht walten lassen, um nicht selbst Teil von Propaganda zu werden? Wer gibt der politischen Expertise mehr Raum, die sich mit simplifizierenden Moralisierungen zurückhält? Sollten Experten nicht Max Webers Wissenschaftsideal der Wertfreiheit verpflichtetet sein, um der Wahrheit möglichst nahezukommen? Tatsächlich jedoch ist genau das Gegenteil der Fall.

Auffallend ist, dass die Haltung der Transatlantiker in der deutschen Außenpolitik oder in Talkshows noch nicht einmal jene der Vereinigten Staaten ist, sondern eben nur jene neokonservative Denkweise bestimmter Gruppierungen. Denn die USA sind sich hier sehr viel uneiniger als die Regierungsparteien und die CDU es in Deutschland sind. Ob es um die bedingungslose militärische Unterstützung der Ukraine geht oder um den zukünftigen Umgang mit China: In der US-Politik klaffen hier all jene Risse, von denen es in Deutschland und anderen europäischen Staaten heißt, dass man sie niemals zulassen darf. Anders als in Deutschland gibt es auch keine Doxa, sodass die Herausgeber der *New York Times* Präsident Joe Biden in klaren und unmissverständlichen Worten dazu aufforderten, eine realistische Kriegszielpolitik der USA in der Ukraine zu benennen.[58]

Die Frage einer künftigen Außenpolitik ist in den USA also hoch umstritten. Das betrifft sowohl die Diskussionen der Demokraten unter sich als auch erst recht die unterschiedlichen Positionen von Demokraten und Republikanern. Wenn es um die Ukraine- oder um die China-Frage geht, sehen nach wie vor viele Demokraten die Vereinigten Staaten in der Pflicht, ihre militärische Macht zu nutzen, um die Einflusssphären der USA zu erhalten oder womöglich zu vergrößern. Bei den Republikanern hingegen scheint oft die Ansicht vorzuherrschen, dass zu viele Einmischungen das Budget der USA überstrapazieren und sich nicht auszahlen. Man denke hier an das Tainter-Szenario, dass Aufwand und Ertrag bei Militärkosten leicht kippen und eine Großmacht an den Rand des Kollapses führen können.

Der von der Biden-Regierung vorangetriebene neokonservative Kurs der militärischen Stärke und rhetorischen Konfrontation gegenüber »systemischen Rivalen« und »Autokraten« ist in den Vereinigten Staaten also nur die Meinung einer Fraktion von zweien. Donald Trumps so egozentrische wie geschäftspragmatische Fehde mit China wusste wenig von systemischer Rivalität, es ging schlichtweg um Märkte, Jobs und Deals. Dagegen muss man sich fragen, ob seit Ende des Kalten Krieges eine US-Regierung die Weltlage derart in ein allumfassendes rhetorisches Freund-Feind-Schemata gepresst hat wie die Biden-Administration. Selbst bei George W. Bush ging es nur um einzelne »Schurkenstaaten«, wie es Schurken in Western gibt.

Dagegen teilt die Biden-Administration die Welt wieder scharf in zwei große Blöcke ein, wobei nahegelegt wird, dass beide nicht dauerhaft nebeneinander bestehen können. All dies hinderte Biden allerdings nicht daran, im November 2023 in Kalifornien mit Chinas Präsident Xi Jinping ein überraschend entspanntes und vertrauensvolles Verhältnis zu entwickeln. Der US-Präsident darf sich im Wahlkampf weder als zu weich zeigen, noch kann er darauf verzichten, zu demonstrieren, wie gut er mit den Mächtigen der Welt kooperieren kann. Denn selbst viele Republikaner, nicht nur Trump-Anhänger in den USA sehen die Weltlage, wie gesagt, ganz anders. Sie teilen den missionarischen Eifer nicht, mit dem das liberal-demokratische Modell global durchgesetzt werden soll. Aus alldem folgt, dass es hinsichtlich der Derivation von der »systemischen Rivalität« nicht, wie oft vereinfacht behauptet, um *die* Interessen der USA geht. Es geht um die Interessen der Neocons, denen andere Interessen entgegenstehen. Und der Eifer, die Welt in liberale Demokratien verwandeln zu wollen, charakterisiert mitnichten den ganzen Westen; in manchen Staaten fehlt er fast völlig.

Tatsächlich ist die Entscheidung noch nicht dauerhaft gefallen: Sollen die westlichen Industrieländer langfristig auf Konfrontationskurs gegenüber China und Russland gehen, oder gibt es dazu Alternativen?

Alternativlos erscheint das Feindbild der »systemischen Rivalen« naheliegenderweise vor allem den Militärs. Naturgemäß begrüßen sie zumeist jede Aufrüstung und damit jede Steigerung ihres Ansehens und ihrer Bedeutung. So sind sie schon von Berufs wegen darauf konditioniert, in klaren Freund-Feind-Linien zu denken. Umsichtig und vorausschauend kalkulieren die Strategen der NATO damit, auf jedwede Aggression ihrer Gegner vorbereitet zu sein und notfalls auch präventiv alle erdenklichen Mittel einzusetzen, in der Annahme, dass der Gegner das Gleiche tut.

So weit, so üblich. Doch die Konfrontation mit den als systemischen Feinden ausgemachten Staaten erreicht heute ein bislang ungekanntes Maximum und betritt dabei auch neues Terrain. Das aktuellste, keineswegs geheime Schlagwort der NATO lautet *Cognitive Warfare*, also »kognitive Kriegsführung«. Kriege werden bekanntlich nicht allein militärisch gewonnen oder verloren, sondern maßgeblich an der »Heimatfront«. Dass die USA ihren Krieg in Vietnam verloren geben mussten, wurde nicht am Mekong entschieden, sondern, nach dem berühmten Ausspruch Marshall McLuhans, in den US-amerikanischen Wohnzimmern. Die Derivation, dass in Saigon die Freiheit der westlichen Welt verteidigt wurde, löste sich im Angesicht von Kriegsbildern mit durch Napalm verbrannten und dioxinvergifteten Kindern auf und hinterließ kollektive Scham und Beklemmung.

Umso wichtiger erscheint es den Strategen der NATO, wie der Kognitionswissenschaftler Bernard Claverie und der Leiter des Transformation-Innovation Hub François du Cluzel in ihrem Strategiepapier »›Cognitive Warfare‹: The Advent of the Concept of ›Cognitics‹ in the Field of Warfare« schreiben, den Kampf um die Deutungshoheit in der Auseinandersetzung mit Russland und, langfristig bedeutender, mit China zu gewinnen.[59] Damit die Staaten des westlichen Verteidigungsbündnisses durchweg die Guten bleiben, nahezu gleich, was sie tun, muss der so definierte sechste Kriegsschauplatz, die *Human Domain*, die menschliche Sphäre, flächendeckend erobert werden. Zu den fünf anderen Kriegsschauplätzen, zu Wasser, zu Lande, in der Luft, im Internet und im Weltraum, kommt nun das kollektive Bewusstsein und mehr noch das Unterbewusstsein dazu. So skizziert das NATO-Strategiepapier einen Krieg der Weltanschauungen und der Propaganda. Denn wer zweifelt daran, dass die Militärstrategen Russlands und Chinas irgendetwas anderes tun? Auch hier werden Derivationen ersonnen, Diskurse verengt und Menschen nach allen Regeln der Propaganda auf Linie gebracht. Russlands Cyberabteilungen und Trollfabriken sprechen eine unmissverständliche Sprache. Der *Cognitive Warfare* verfolgt deshalb eine doppelte Strategie. Das eine ist die Abwehr von Feindpropaganda. Und das andere ist der Sieg der eigenen Propaganda. Erklärtes Ziel ist es, mit aller Kenntnis der Psychologie, Sozialpsychologie und der Neurowissenschaften das kollektive Bewusstsein in den USA und in Europa so zu beeinflussen, dass das WIR-gegen-DIE-Schema tief in den meisten Köpfen verankert wird und alternative Deutungen des Weltgeschehens marginalisiert werden. So sieht sich die NATO als gut gerüsteter Streiter für den Wettkampf um die Deutungshoheit in den Köpfen, um Gedanken und Glaubenssätze so umfangreich und effizient wie möglich zu ihren Gunsten zu beeinflussen – getreu der Maxime, dass es nur *ein* Richtig und *ein* Falsch geben kann.

Dass Militärs in solchen Freund-Feind-Schemata denken, wird ihnen keiner verdenken können; es ist elementarer Bestandteil ihres Jobs. Andererseits ist es nicht ihre Aufgabe, selbst Politik zu machen. Die NATO darf keine Interessen haben, die nicht jene der Politik in ihren Mitgliedsstaaten sind. Und hier fällt auf, dass eben eine ganz bestimmte Derivation – die Alternativlosigkeit dazu, dass die westlichen Industrieländer einen dauerhaften Krieg gegen systemische Feinde gewinnen – ihre kognitiven Schlachtpläne weithin bestimmt und verengt. Es ist die neokonservative Ideologie, dass die USA und Europa ihre Vormachtstellung um alles in der Welt behalten, ja nach Möglichkeit sogar ausbauen müssen.

Die kognitive Kriegsführung ist allerdings nicht nur die logische Folge einer modernen Welt, die mit der Digitalsphäre einen zusätzlichen Raum gewonnen hat. Sie birgt auch ein enormes Risiko. Man male sich eine Zukunft aus, in der die Manipulation des öffentlichen und des digitalen Raums noch sehr viel weiter als heute nach allen Regeln psychologischer Kunst perfektioniert ist. Der hehre Zweck der Abwehr von russischer und anderer feindlicher Propaganda dürfte dann mit hoher Wahrscheinlichkeit unübersehbare Folgen zeitigen. Denn was mag wohl geschehen, wenn immer mehr Menschen in den westlichen Industrieländern bewusst wird, dass die NATO versucht, den öffentlichen Raum kognitiv zu kontrollieren? Es befeuert schlimmstenfalls einen kollektiven Vertrauensverlust in die liberalen Demokratien. Am Ende glaubt keiner mehr irgendwas. Für liberale Demokratien, die anders als autoritär regierte Staaten auf Vertrauen zwingend angewiesen sind, ein Desaster.

Der mutmaßliche Preis kognitiver Kriegsführung in den liberalen Demokratien ist also ausgesprochen hoch und zeitigt gefährliche Folgen. Wäre nicht zumindest dies ein wichtiger Anlass dafür, in Alternativen zu denken und vor aller kognitiven Kriegsführung politisch darüber nachzudenken, ob wir hier im langfristig wohlverstandenen Eigeninteresse planen und handeln? Also jene Frage voranzustellen, über die Militärs nicht nachdenken, weil es eben gerade nicht ihre Aufgabe ist? Wie schnell kann die permanente Aufrüstung zu jenem Problem werden, für dessen Lösung sie sich hält? Rhetorische und militärische Aufrüstung auf der einen Seite führen bekanntlich zu nichts anderem als zu Aufrüstung auf der anderen Seite und so weiter und so fort. Die Freund-Feind-Linien werden auf diese Weise niemals überwunden, sondern zementiert. Und es ist ein leider allzu wohlbekanntes Muster in der Erforschung von kriegerischen Auseinandersetzungen, dass emotionale und kognitive Kriegsführung einer realen fast immer vorangehen. Die Aufrüstung in den Köpfen ist keine Kleinigkeit und entsprechend brandgefährlich. Und sie zwingt uns, sehr ernsthaft darüber nachzudenken: Gibt es dazu denn grundsätzlich keine Alternative?

VIII.

Zwei Weltbilder: Identitätspolitik versus universalistischer Humanismus

Nur wenn man versteht, dass wir derzeit vor einander entgegengesetzten Haltungen stehen, wie wir unsere zukünftige Politik ausrichten sollen, versteht man die Lage. Und wir sollten es uns nicht allzu leicht machen, diese Weggabelung hinwegzureden und nur eine einzige Abzweigung als alternativlos darzustellen. Was also spricht bei fairer Betrachtung für den einen und den anderen Weg? Was sind im Umgang mit Staaten wie Russland und China gute Argumente für unvermeidliche Jahrzehnte der Konfrontation? Und was spricht gegen sie und für eine präventive Politik der Deeskalation?

Wie auch immer man sich hier entscheidet, man wird sich neben den bekannten Interessen auch mit Gefühlen beschäftigen müssen. Gerade in der Politik gehen starke Gefühle unseren Einsichten stets voraus. In dieser Hinsicht bietet die neokonservative Weltsicht ein ziemlich sicheres Gehäuse: Sie schafft einen ruhigen Hafen inmitten einer unübersichtlichen und unaufgeräumten Realität, mithin eine »westliche« Identität, bei der man unbezweifelt zu den Guten gehört, deren ideale, liberale und friedliche Weltordnung derzeit von den schlechten autokratischen Aggressoren, mit miesem Menschenbild und rücksichtslosem Machtstreben, bedroht wird. Sich selbst gar nicht erst hinterfragen zu müssen, ist ein komfortabler und äußerst verführerischer Ausgangspunkt. Und da er massenmedial breit geteilt wird und die in Deutschland in den Leitmedien veröffentlichte Meinung einem dabei mehrheitlich recht gibt, ist das Komfortable zugleich ziemlich risikolos.

Gerade ihre emotionale Schlichtheit verleiht der neokonservativen Weltsicht ihren Charme. Die Eindimensionalität sorgt zuverlässig dafür, dass man gar nicht erst in gedankliche Irritationen gerät. Und wo ein gründliches Studium der Fakten und Umstände jedwede Selbstsicherheit ausgesprochen schwierig machte, belohnt das einfache gleichsam ahistorische Freund-Feind-Schema den, der es verinnerlicht, mit einer festen moralischen Sicht der Dinge. Die Welt fügt sich ein ins Schema WIR gegen DIE, und jeden Tag kommen neue Bestätigungen dazu. Auf die gleiche Weise funktionieren die Derivationen auch in Russland und

China, selbstredend unter umgekehrten Vorzeichen. Hier ist der expansive »Westen« der Aggressor und die eigene Entschlossenheit natürlich nichts anderes als angemessene Verteidigung. Ob nun die Ideologie der Neocons oder jene eines ruhmreichen Russlands und glorreichen Chinas – die Systeme mögen höchst unterschiedlich sein, die Bauanleitungen für Derivationen hingegen sind auffallend gleich.

Die Komfortzone zu verlassen und sich die Mitschuld westlicher Staaten an vielen Konflikten in der Welt nicht nur in der Vergangenheit, sondern auch in der Gegenwart vor Augen zu führen, ist dagegen weit weniger komfortabel. Das Weltgeschehen wird auf einmal ungleich komplizierter. Und versucht man erst einmal, eine allgemeine humanistische Perspektive ohne starke Vorfestlegungen einzunehmen, verliert man schnell den Boden unter den Füßen. Das ist in jeder Hinsicht ziemlich riskant. Zum einen fällt es einem immer schwerer, mit holzhackerischer Sicherheit pauschale Urteile zu fällen. Und zum anderen wird die relativierende Haltung in der Öffentlichkeit auch leicht als störend empfunden, bekämpft oder lächerlich gemacht. Humanistische und erst recht pazifistische Positionen, für die man in Deutschland jahrzehntelang Preise gewann und die als redlich oder sogar weise geachtet wurden, werden heute vielfach als »zynisch« beschimpft.

Taktisch und persönlich hat man also derzeit viel zu verlieren, wenn man zur neokonservativen Derivation auf Distanz geht. Doch bleibt der Widerspruch völlig aus und die humanistische Weltsicht gerät in die abgelegensten Winkel der Feuilletons, so zementiert sich die narrative Verengung. Die liberalen Gesellschaften verlieren ihre optimistische Dimension und damit ihren utopischen Horizont mit erheblichen Konsequenzen. Denn liberale Gesellschaften speisen sich seit ihrer Entstehungszeit unverzichtbar aus dem aufklärerischen Glauben an die friedliche Veränderbarkeit zum Guten. Man denke hier nur an den Fortschrittsoptimismus des großen Aufklärers und Humanisten Condorcet. Noch im Kellerversteck, verfolgt von den Schergen der Französischen Revolution, brachte der Marquis seine optimistischen Prophezeiungen zu Papier: Das Tableau einer bürgerlich-liberalen Zukunftsgesellschaft, in der technischer und zivilisatorischer Fortschritt, gepaart mit den Grundsätzen des Liberalismus, allgemeinen Wohlstand für alle Bürger schaffen, ein Maximum an Freiheit ermöglichen und Kriege überflüssig machen würde.

Es fällt nicht schwer, in Fukuyama einen modernen Jünger Condorcets zu sehen. Mag der Künder vom »Ende der Geschichte« auch in vielem falschgelegen haben, sein humanistischer Fortschrittsoptimismus ist aller Ehren wert. Bezeichnenderweise jedoch wird er von den Neocons, die das Projekt des Weltliberalismus im Moment seiner historischen Fragwürdigkeit durch militärische Kategorien ersetzt haben, nicht geteilt. Ihr Weltbild ist nicht optimistisch, sondern fatalistisch, im Zweifelsfall sogar darwinistisch. Demnach verstehen Autokraten nur die Sprache von Stärke und von Waffen, und Härte kann nur mit Härte begegnet werden. Und wenn es in alldem einen Optimismus geben sollte, so betrifft er derzeit vor allem den Glauben an die Überlegenheit der eigenen Rüstungsgüter. Doch wie sollen liberale und humanistische Gesellschaften dauerhaft mit einem solchen fatalistischen Menschen- und Gesellschaftsbild einhergehen, ohne sich selbst zu verraten?

Ein solcher Paradigmenwechsel macht viel mit einer liberalen demokratischen Gesellschaft wie jener in Deutschland. Es ist nicht einfach nur eine alternativlose und unerschrockene Sicherheitsstrategie oder ein militärisch-taktisches Mittel für kurze Zeit. Was droht, ist eine Zeit der gesellschaftlichen Restauration im Zeichen der Konfrontation mit innenpolitischen Folgen. Ein neuer Kalter Krieg wäre nicht die Rückkehr in die Zeit des alten Kalten Krieges, sondern er träfe auf eine gegenüber dem 20. Jahrhundert in wesentlichen Zügen stark veränderte Gesellschaft; auf eine Zeit der Identitätskrise und der innenpolitischen Unsicherheit und eine der Diffusion in nahezu allen großen westlichen Industriegesellschaften. Die von ungezählten Psychologen, Soziologen, Kommunikations- und Medienwissenschaftlern diagnostizierte zunehmend verunsicherte Gesellschaft wird allgemein instabiler und anfälliger. Das Immunsystem der westlichen Staaten scheint geschwächt und verliert seinen moralischen Kompass, von den Impfquerelen aus der Zeit der Covid-19-Pandemie bis zur Zustimmung kreuzbraver Politiker und Journalisten für die Lieferung international geächteter menschenverachtender Streumunition an die ukrainische Armee.[60] So scheinen Entscheidungsträger dazu bereit zu sein, die eigenen Werte Werte sein zu lassen, nach denen man nicht handelt. Ob es sich um den Verlust privater Daten in der digitalen Ökonomie handelt oder darum, künftig künstliche Intelligenz militärische Entscheidungen treffen zu lassen, die ungezählten Menschen den Tod bringen – nichts davon entspricht unseren über Jahrzehnte in juristischen Zement gegossenen Überzeugungen einer freiheitlich-liberalen Gesellschaft auf humanistischem Fundament.

Kein Halt, nirgends. Ungezählte Umfragen zeigen erschreckend deutlich, dass die deutsche Bevölkerung mehr und mehr ihr Vertrauen in die Politik verliert. Denn wenn plötzlich nicht mehr gilt, was jahrzehntelang gegolten hat, wenn Politik zum Herrschaftsgebiet der Ausnahmen über die moralische Regel wird, wenn Prinzipientreue bestraft, flexible Grundsätze belohnt werden, wächst das Misstrauen. Der Aufstieg der AfD in Deutschland ist deshalb weder ein Zufall noch ein Unfall, sondern eine gefährliche Folge in einer Gesellschaft, in der die Bürger der etablierten Politik und den Leitmedien nicht mehr trauen und sich vor allem nach einem zu sehnen scheinen: nach Volksnähe, Werten und Ordnung, was auch immer darunter vom jeweiligen AfD-Wähler verstanden wird. Die etablierten Parteien idealisieren in diesem riskanten Spiel ihre Rolle als gewohnheitsrechtmäßige Hüter der Demokratie; die AfD und das Bündnis Sahra Wagenknecht bringen dagegen das »Volk« in Stellung, verklären es als wahrheitsliebend und gut und beanspruchen es fälschlicherweise als vermeintlich ihres.

Die Lage ist beunruhigend. All die fatalistischen Tendenzen in der Innenpolitik, die fortwährenden Zweifel an den bestehenden Verhältnissen treffen nun auf eine fatalistische Außenpolitik, die den Glauben an eine friedliche Entwicklung zum Besseren weitgehend verloren zu haben scheint. Die große Gemeinsamkeit der innenpolitischen wie der außenpolitischen Krise ist die Frage nach der *Identität*. Während sich die einen in der Bundesrepublik um die Frage sorgen, was in Zukunft noch »deutsch« sein soll, sorgen sich die anderen um den Fortbestand des Westens. Dabei dürfte nicht zu übersehen sein, dass die Kategorie »Westen« derzeit in kaum einem anderen westeuropäischen Land einen solchen Zuwachs an Bedeutung gewonnen hat wie in Deutschland. Gerade nach dem russischen Angriffskrieg gegen die Ukraine wird der Westen für die Mehrheit der deutschen Politiker wie für die meisten Massenmedien zur identitätsstiftenden Zufluchtsburg. Doch das zeitigt, derzeit unübersehbar, große innenpolitische Probleme. Denn während die USA und Großbritannien den Westen traditionell mit sich selbst identifizieren, konkurriert die Identifikation Deutschlands mit dem Westen mitunter ausgesprochen heftig mit dem, was Anhänger der AfD und der Sahra-Wagenknecht-Partei als deutsche Identität ausmachen. Auf diese Weise spalten sich die Parteien in der Bundesrepublik in zwei unversöhnliche Lager: die *West-first-* und die *Germany-first-*Parteien. Zu den ersten gehören die CDU, die SPD, die FDP und die Grünen, zu den zweiten die AfD und, etwas abgeschwächt, das Bündnis Sahra Wagenknecht.

Die Frage nach der künftigen Ausrichtung der Außenpolitik, einschließlich des damit verbundenen Weltbilds, trifft also auf eine innenpolitisch heikle Situation. Nicht nur Staaten wie die Türkei, Indien, Frankreich, die Vereinigten Staaten oder die Niederlande, sondern auch Deutschland ringt derzeit um seine Identität. Vieles, was jahrzehntelang in ruhigem Fahrwasser befriedet erschien, bricht nun auf – mit der Folge einer wachsenden Bedeutung identitätspolitischer Positionen. Herausgefordert ist damit sowohl der innenpolitische Frieden als auch die weltanschaulich-philosophische Verortung. Was wird aus dem für das Grundgesetz prägenden Universalismus, wenn die Identitätspolitik weiter auf dem Vormarsch ist? Für Universalisten in der Tradition Kants definiert sich das, was einen Menschen ausmacht, moralisch: Der Mensch ist Mensch, weil er frei über sich selbst bestimmt und sich zum Gesetzgeber seines Sollens macht. Als autonom Handelnder verfügt er über die Menschenwürde, und zwar, der Idee nach, jeder Mensch. Insofern gibt es unter Menschen keine naturgegebenen Privilegien, die den einen dem anderen vorzuziehen erlaubt. In einem Satz: Es ist egal, ob man Däne oder Afghane, Vietnamese oder Somali ist, es ist egal, welchen Gott man anbetet und ob man es überhaupt tut, und es ist auch egal, ob man zu den Klügsten oder zu den weniger Klugen gehört: Menschenrechte und Menschenpflichten sind für alle ganz genau gleich.

Identitätspolitisch beseelte Menschen sehen das anders. Sie berufen sich, wenn überhaupt, nur vordergründig auf die Vernunft, sondern lieber auf starke Gefühle und eine daraus abgeleitete Moral. Über mehr als ein Jahrzehnt galt eine solche Identitätspolitik als ein Kennzeichen der »Rechten«, ob in den USA oder in Europa. Rechte bezweifelten den Universalismus als einen mutmaßlichen Sozialismus oder Kommunismus. Nicht die moralische Gleichheit aller Menschen, sondern deren unbezweifelbare Verschiedenheit bildet ihr weltanschauliches Fundament. Man ist US-Amerikaner, Deutscher oder Franzose, und das bedeutet etwas Positives. Man ist Angehöriger einer bestimmten Rasse – der Weißen – und ist stolz darauf, weil man sie implizit oder ausdrücklich für überlegen hält. Die Biologie (und sei sie auch nur gefühlt) bildet das Fundament der Identität und nicht die Philosophie des allgemeinen Menschseins.

Zu dieser rechten Identitätspolitik, die derzeit in den USA wie in Europa immer mehr Freunde findet, kommt, so sieht es der israelische Philosoph Omri Boehm, inzwischen erschwerend eine linke. Spielen nicht auch hier biologische Kategorien eine übergebührliche Rolle – Alter, Geschlecht, Hautfarbe? Für Boehm »wetteifern beide politischen Lager darum, den Maßstab des abstrakten Universalismus durch eine konkrete Identität zu ersetzen: Wie die Rechte im Namen traditioneller Werte kämpft, so die Linke im Namen von Gender und Race«.[61]

Boehms Anwendung des Begriffs »Identitätspolitik« auf die Linke hat ihm viel heftige Kritik eingehandelt.

Wenn die Linke Gender und Race ins Zentrum stellt, dann nicht, um Überlegenheiten zu behaupten, sondern um Ungerechtigkeiten zu beheben. Insofern sehen viele Linke ihre Position nicht im Widerspruch zu Kants Universalismus der prinzipiellen Gleichheit aller Menschen. Doch selbst wenn das stimmt, hat Boehm einen Punkt. Will man wirklich übersehen, dass auch die Linke das WIR-gegen-DIE-Spiel spielt, das so gar nicht zum Universalismus passen will? Zu häufig nämlich drehen Linke das rechte Schema einfach moralisch um: Sind bei den einen die überwiegend alten weißen Männer die Guten und Frauen und Menschen anderer Hautfarbe und Kulturkreise die Schlechten, so ist es nun genau umgekehrt. Damit ersetzt allerdings nur ein schlechter Biologismus einen anderen – und moralisch (im Sinne des Universalismus) ist wenig gewonnen.

Diese innenpolitische Auseinandersetzung, die derzeit auf der politischen Bühne nahezu aller westlichen Länder gespielt wird, ist hier deswegen interessant, weil sie – bislang kaum thematisiert – offensichtliche Auswirkungen auch auf die europäische Außenpolitik hat. Spitzt man die Sache zu, so lässt sich beobachten, dass die beiden Narrative vom Kampf der Demokratien gegen die Autokratien und der Kampf um »westliche« Werte eine zunehmend identitätspolitische Handschrift tragen – und das in einer ganz eigentümlichen Melange von rechts und links. Wie anders ließe sich erklären, dass eine race- und genderbewusste grüne Außenministerin Deutschlands sich bei ihrer »wertegeleiteten Außenpolitik« mit den abgebrühtesten Machtpolitikern der US-Neocons auf eigentümliche Weise einig weiß? Und dass sie dafür eintritt, Kampfjets an Saudi-Arabien zu liefern, eine frauenverachtende lupenreine Diktatur, solange der arabische Staat nur Verbündeter des Westens bleibt und keine zu eigenen Wege geht?[62]

Die große Gemeinsamkeit dieser auf den ersten Blick unversöhnlichen Welt- und Gesellschaftsbilder liegt in der westlichen Identität. Denn so kritisch die Wokeness-Kultur mit Vorurteilen und problematischen Traditionen umspringt, so erhebt sie doch gleichwohl unverdrossen den Anspruch, anderen Kulturen und abweichenden Staatsformen moralisch überlegen zu sein: WIR gegen DIE in engstem Schulterschluss. Der Anspruch der USA auf Suprematie und der links-grüne Anspruch, die Welt am westlichen Maßstab kurieren zu wollen, vereinen sich hier in identitätspolitischer Allianz. Und für viele Linke erscheint außenpolitisch legitim, was innenpolitisch aufs Schärfste bekämpft wird: die Tradition des (alten) weißen Mannes mit all ihrer Arroganz und ihrem Chauvinismus. Das ist auch deshalb tragisch, weil Fukuyama, wie gezeigt, bei seinem »Ende der Geschichte« gehofft hatte, die Welt würde sich an den Prinzipien der EU und nicht an den USA ein Beispiel nehmen. Inzwischen jedoch gleicht sich die Außenpolitik vieler EU-Staaten, darunter vor allem Deutschland, genau jener neokonservativen US-Politik an, die Fukuyama so gerne überwunden gesehen hätte. Er selbst kehrte den Neocons, für deren Parteigänger er im Anfang gehalten wurde, im Laufe der Zeit entschieden den Rücken.

Aufklärung im humanistisch-universellen Verständnis Kants ist ein vornehmlich innenpolitischer Prozess, bei dem freiheitliche Werte und Rechtsstaatlichkeit nach und nach erstritten werden, und zwar abhängig und im Tempo mit den jeweiligen gesellschaftlichen Bedingungen. Einmischung in die innenpolitischen Belange anderer Staaten lehnte der Vordenker des Völkerrechts strikt ab. Aus dem Universalismus folgt kein Missionsauftrag! Kein Wunder deshalb, dass der aus Indien gebürtige Schriftsteller und Kulturphilosoph Pankaj Mishra bei den Aposteln der westlichen Werte »freundliche Fanatiker« am Werk sieht.[63] Und es fällt ihm nicht schwer, die heutige wertegeleitete Außenpolitik lediglich als neueste Spielart einer kolonialen Tradition zu sehen, die ungebrochen auf Expansion drängt und immer noch glaubt, andere Kulturkreise im eigenen Interesse moralisch belehren zu können. Ganz gleich wie man das Kind nenne, ob abendländische Kultur oder westliche Werte, der Eigennutz und der Überlegenheitsanspruch suchten sich nur neue Wortkleider, aber die Haltung bliebe stets die Gleiche. Nicht die Sorge um die Menschen in China oder Indien treibe US-Amerikaner und Europäer in den Moralismus, sondern die Angst vor dem eigenen politischen und ökonomischen Bedeutungsverlust.[64]

Eine Außenperspektive wie jene Mishras erhellt, dass vieles von dem, was wir für selbstverständlich und selbstevident halten, es nicht ist. Unsere Gefühlswelt, die uns für Derivationen wie jene von der »systemischen Rivalität« der Guten mit den Bösen anfällig macht, lebt geradezu davon, dass wir uns nicht selbst aus der Distanz beobachten. Wahr ist überwiegend das, was sich wahr anfühlt. Und moralisch richtig ist, was sich eben auch so anfühlt. Der begrüßenswerte Individualismus unserer Gesellschaften führt somit zu deutlich weniger begrüßenswerten hoch individuellen Wahrheiten sowie zur Dominanz gefühlsechter Illusionen. Man wird einräumen, dass dies vielleicht schon immer so war, seitdem es Menschen gibt. Aber man wird auch nicht übersehen können, dass das *wishful thinking* heute offensichtlich weit mehr Raum in den westlichen Industrieländern einnimmt, als dies in den letzten Jahrzehnten der Fall gewesen war.

Gesellschaften, deren Meinungskorridor in bestimmten Fragen narrativ verengt und durch Doxa geschützt wird, verlieren leicht die Fähigkeit zur Selbstkritik und damit zur Weiterentwicklung. Man denke in diesem Zusammenhang an Tainters Diagnose, dass Gesellschaften mit schwindender Grenzproduktivität von Problemlösungen nur selten mit Umdenken reagieren, sondern häufig mit immer dunkleren Scheuklappen. Diese Verdunklungen betreffen sowohl das eigene Tun als auch dessen weitreichende Folgen. Und sie finden sich im verwendeten Vokabular wieder, insbesondere im militärischen. Was ist es anderes als Nebelwerk und gut verhüllte Scham, dass die Waffen- und Kriegstechnologielieferungen der Europäischen Union an Moldau von einer »Europäischen Friedensfazilität« beschlossen werden[65] und dass die NATO dem zwischen West und Ost gespaltenen Staat ein »nicht tödliches« Hilfspaket zukommen lässt, wie es im offiziellen Jargon heißt.[66] Damit dürfte leider auch hier der Weg in die Eskalation vorgezeichnet sein. Sowohl Russland als auch die USA und Europa versuchen, das Land dauerhaft auf ihre Seite zu ziehen – und je stärker der Westen Moldau militärisch unterstützt, umso wahrscheinlicher wird leider zugleich ein russischer Angriff.

Der Euphemismus, die Tötungswerkzeuge aus den Waffenschmieden »Sicherheitstechnik« zu nennen, Bombardierungen »Luftschläge«, Angriffe »Verantwortung«, »Engagement« oder »Mission« und Interessenspolitik »Führung«, »Friedenssicherung« oder »Stabilität« fällt vielen inzwischen gar nicht mehr auf. Fatal daran ist, dass offensichtlich jede Gesellschaft ihre Erfahrungen neu machen muss und damit Gefahr läuft, auf ähnliche Art und Weise zu scheitern wie ihre Vorväter und Vormütter. Drei Generationen, so lehrt die Sozialpsychologie, und die Kriegserfahrung erlischt. Der Krieg verliert die Dimension des Selbstbetroffenseins, verflüchtigt sich ins Abstrakte und öffnet damit das Einfallstor, das ihn wieder zum Mittel zur Erreichung von Zielen macht.

Dass Staaten wie Russland oder die USA so denken, ist mittlerweile hinlänglich bewiesen und bekannt. Neu dagegen ist, dass sich dieser Prozess in Deutschland derzeit fast wie in einem Modellversuch beobachten lässt. Aufrüstung und Konfrontation scheinen immer unvermeidlicher zu sein, wenn man die vermeintlich alternativlose Variante wählt, dass eine harte Konfrontation der USA und Europas mit bestimmten Autokratien der einzig gangbare Weg sei. An die Stelle der humanistischen Perspektive treten immer tiefere militärische Verstrickungen, aus denen man schließlich nicht mehr erfolgreich herauskommt. Man denke nur an das »Engagement« westlicher Industrieländer in Afghanistan oder das Desaster der »Befreiung« des Iraks (an der Deutschland, Schröder sei Dank, nicht beteiligt war).

In beiden Staaten geht es der Bevölkerung heute deutlich schlechter als vor ihrer vermeintlichen Befreiung von Aggressoren oder einem Autokraten.

Die Geschichte massiver Einmischung in die Geschicke anderer Staaten, bis hin zur militärischen Intervention, ist keine überzeugende Erfolgsgeschichte. Vergleicht man den Aufwand und die enormen Kosten solcher »Engagements«, so fragt sich stets, ob sie wirklich der richtige oder gar vermeintlich einzige Weg waren und sind. Man denke auch an die mittel- und langfristigen Folgen für ein Land wie Deutschland, dessen Rüstungsausgaben derzeit rasant steigen – und das in einer Zeit, in der sowohl das so lange Zeit vorbildliche Renten- als auch das Gesundheitssystem unfinanzierbar zu werden drohen, mit all den innenpolitischen Folgen, die die verunsicherte Republik schon jetzt und erst recht in naher Zukunft erschüttern werden. Nach Angaben des Deutschen Instituts für Wirtschaftsforschung (DIW) hat der Ukraine-Krieg Deutschland bis Ende 2023 mehr als 200 Milliarden US-Dollar gekostet, in erster Linie durch höhere Energiekosten. Dazu drohen den Deutschen, laut Marcel Fratzscher, dem Präsidenten des DIW, weitere Kosten aufgrund der »eskalierenden geopolitischen und geoökonomischen Konflikte, besonders mit China«, die vor allem die Exportunternehmen hart träfen.[67] Wie lange wird die deutsche Wirtschaft und die durch soziale Spannungen immer stärker brodelnde deutsche Gesellschaft das wohl durchhalten?

Wäre es an dieser Stelle nicht sinnvoll, innezuhalten und die Kosten und den Nutzen zu kalkulieren, wenn es darum geht, gegen den Mehrheitswillen in der eigenen Bevölkerung tatsächlich mehr »Entschlossenheit« zu zeigen und den Kurs der Konfrontation weiterzuverfolgen? Und wohin soll die Entwicklung militärisch führen? Man erinnere sich, wie in den Neunzigerjahren während der Balkankriege Kritiker einen Dammbruch befürchteten, wenn Deutschland sich daran beteiligte. Und tatsächlich wurde das Terrain seitdem geflutet. Heute ist die Bundeswehr in 13 Ländern und auf drei Kontinenten im Einsatz,[68] und das ist, geht es nach den Neocons, die ständig mehr »Führung« von Deutschland verlangen, erst der Anfang.

Die Moral der deutschen Verbrechen im Nationalsozialismus und im Zweiten Weltkrieg lautet demnach nicht: Deutschland muss sich aus historischer Schuld bei allen Konflikten vor allem dort zurückhalten, wo es besonders große Schuld auf sich geladen hat. Denn das gilt offensichtlich nicht gegenüber Russland. Die Moral lautet, dass nicht die *konkrete* historische Schuld im Namen der Geschädigten gegenüber bestimmten Ländern wie Russland den Ausschlag geben soll, sondern die *abstrakte* allgemeine Schuld im Namen der Moral, die zum Kampf für die Menschenrechte nach US-amerikanischer Vorgabe verpflichten soll.

Das Argument der deutschen Schuld ist damit von den Füßen auf den Kopf gestellt. Nicht die Tatsache, dass Deutschland grausame Kriege geführt hat, ist also grundsätzlich falsch, sondern grundsätzlich falsch waren nur die Werte, die damals verteidigt oder exportiert werden sollten: die »abendländische Kultur«, die gegen die »Horden aus dem Osten« verteidigt werden sollte, oder der »Lebensraum«, den die tüchtigen Deutschen gegen die slawischen »Untermenschen« für sich beanspruchten. Heute dagegen hat Deutschland bessere und endlich die richtigen, nämlich westliche Werte. Und wer die richtigen Werte hat, hat damit augenscheinlich auch die Lizenz zum gerechten Krieg. Doch was sind – Werte?

IX.

Was sind Werte?
Und woran liegt es,
dass man sie nicht *besitzt*?

Jeder Mensch ist davon überzeugt, dass er die richtigen Werte hat. Sonst hätte er sie ja nicht, und die Werte wären nicht die seinen. An der Richtigkeit der eigenen Werte besteht also kein Zweifel. Und das dürfte überall in der Welt so sein, egal, welche Werte man sich aus dem Sortiment herausgreift. Die einen halten die Sache Gottes, die anderen die Geschlechterfrage, andere die Freiheit und viele (sofern sie vor sich selbst ehrlich sind) wahrscheinlich den Wohlstand für den wichtigsten aller Werte.

Aber was ist das eigentlich ganz genau – ein Wert? Lässt man die Geldwerte beiseite, mit denen sich die Moral das Wort teilt, und denkt über das nach, was rein idealistisch wertvoll sein soll, so lässt sich sagen: Wer moralisch urteilt, scheidet die Welt in das, was er achtet, und in das, was er ächtet. Und Werte sollen uns dabei helfen, diese tägliche Unterscheidung zu treffen. Sie sind Richtwerte, die dabei helfen, das Gute vom Schlechten zu trennen, die guten von den schlechten Dingen und die guten von den schlechten Verhaltensweisen.

Dabei stellt sich der- oder diejenige, die an »ihre« Werte denken, vor, dass es diese Werte tatsächlich gibt, das heißt, dass sie als Ideen und Ideale unabhängig von mir selbst in der Welt existieren. Das Gleiche tun wir ja auch mit dem Guten oder dem Schönen. Wir behandeln diese ideellen Dinge, die ohne menschliche Gehirne so gar nicht empfunden und gedacht werden können, als ob sie objektiv und damit jenseits von uns existierten. Dieser Als-ob-Charakter ist wichtig, denn ohne ihn hätten Werte keinen verbindlichen Wert, sondern blieben rein subjektive Empfindungen oder Meinungen. Werte sind also subjektive Empfindungen, von denen wir beanspruchen, dass sie mehr sind als subjektive Empfindungen, nämlich etwas, was größer ist als wir selbst. In diesem Sinne sind Werte ein Kind unserer biologischen Fähigkeit zu Spiritualität und Religiosität. In der abendländischen Tradition sind sie aufs Engste verbunden mit der Metaphysik – der Überzeugung, dass es nicht nur Materielles, sondern auch Ideelles in der Welt gibt, das unabhängig von uns sein Existenzrecht einfordert.

Entsprechend stellten sich die antiken Griechen vor, dass die Werte, die sie Tugenden nannten, unabhängig vom Menschen und somit gleichsam göttlich existierten. Der Mensch greift sich aus dem vorgegebenen Tugendkatalog heraus, was ihm entspricht, und macht sich die Tugenden durch regen Gebrauch zu eigen. Aus äußeren Werten werden somit innere Werte. Man nimmt »Anteil« an den Tugenden und wird dadurch nach und nach von ihnen beseelt.

So unstrittig diese Vorstellung von den Tugenden war, so unklar blieb allerdings, wie sie zu gewichten seien. Welche Werte sind wichtiger als andere? Welche sollen im Konfliktfall vorgezogen werden, weil sie übergeordnet sind? Platon wurde dabei nicht müde, die Tugenden zu hierarchisieren mit der »Idee des Guten« an der Spitze. Aristoteles hingegen erkannte, dass die Idee des Guten zu unbestimmt ist. Was das Gute ist, entscheidet immer eine Güterabwägung in der jeweiligen Situation. Folglich kannte er nur eine einzige übergeordnete Tugend über einer großen Zahl von unaufgeräumten Tugenden: die Lebensklugheit (*phronesis*), die uns hilft, im Wettstreit der Werte die richtige Entscheidung zu treffen.

Die Tugendethik mag heute Geschichte sein, aber ihr Schatten reicht durchaus bis in die Gegenwart. Wie könnten wir sonst von Werten reden, von denen wir beanspruchen, dass sie objektiv existieren? Wie könnten wir sonst etwas anerkennen und danach streben, was in der Realität nicht greifbar ist? Die Gedankenfigur, dass wir uns an etwas gleichsam Göttliches binden und es zum Zielentwurf unseres Handelns machen, oder es ihm zumindest beimischen, existiert noch heute. Und das gilt sowohl für den einzelnen Menschen als auch für Gesellschaften, Verbände, Unternehmen, Staaten und internationale Gemeinschaften, die sich auf Werte festlegen und sich ihnen verpflichtet fühlen.

Werte sind also nicht nur eine persönliche und individuelle Angelegenheit, sondern auch eine hochgradig kulturelle. Die Werte, die einem durch Erziehung und Gesellschaft vorgegeben sind, schüttelt man nicht einfach ab. Sie begleiten einen sogar dann noch, wenn man bewusst gegen sie rebelliert. Was mein Umfeld als sinnvoll und richtig erachtet, was als erstrebenswert gilt oder nicht, was mir vorgelebt wird oder was in meinem Leben gar nicht vorkommt, all das entscheidet mit über mein Wertebewusstsein. Werte werden demnach nicht aus hundert oder mehr Möglichkeiten ausgewählt wie Waren in einem Supermarkt, sondern ich wachse in eine Werte- und Normenwelt hinein, die in einer bayerischen Kleinstadt irgendwie anders ist als im Ituri-Urwald oder am Polarkreis. Unsere Wege sind gleichsam von roten und grünen Ampeln durchzogen, die uns sagen, was wir zu tun haben, und die wir nicht ignorieren können, ohne dass sie von anderen als bewusster Regelverstoß interpretiert werden.[69] Die Ampeln lassen sich nicht ausblenden, sie sind da und strukturieren unser Handeln selbst dann, wenn wir noch nie über sie nachgedacht haben.

Dabei können sich diese kulturellen Werte schneller wandeln, als wir uns das gemeinhin eingestehen. Noch die Generation meiner Großeltern kultivierte mehrheitlich andere Werte, als wir es heute tun. Bescheidenheit, Unauffälligkeit und Duldsamkeit waren bis in die frühen Sechzigerjahre typische Werte, die in beiden deutschen Staaten von vielen Menschen gelebt wurden. Ein ganzes Arsenal von Sprichwörtern mahnte bereits die Kinder dazu, sie zu beherzigen. Was angemessenes weibliches und männliches Verhalten war, hatte mit den Vorstellungen des 21. Jahrhunderts kaum etwas zu tun – obgleich die Menschen auch in den frühen Zeiten der Bundesrepublik sich auf das gleiche abendländische Erbe der Werte des Christentums und der Aufklärung beriefen wie heute.

Werte, so überzeitlich sie gedacht sind, sind nie frei von den Interpretationen ihrer Zeit. Und es sind diese Interpretationen, die uns zur Norm werden. Der größte Teil unserer wertenden Entscheidungen verlangt uns deshalb auch keine bewussten Entscheidungen ab. Als soziale Normen verinnerlicht, leiten sie uns durchs Leben. Doch selbst dort, wo es um große Entscheidungen geht, denken wir selten gründlich über Moral nach. Gleich zwei Kompasse, so scheint es, bestimmen instinktiv, wie wir uns entscheiden und was wir tun. Der erste ist: Fast jeder Mensch trägt das Bedürfnis in sich, zu den Guten gehören zu wollen. Er schätzt Barmherzigkeit höher als Hartherzigkeit und Geiz; er zieht loyales Verhalten einem hinterhältigen und verräterischen Verhalten vor; er bevorzugt das Schöne vor dem Hässlichen, das Edle gegenüber dem Niederen und Schmutzigen, das Wahre gegenüber dem Falschen usw. Kein Wunder, dass fast sämtliche Kulturen der Welt diese Wertordnung vorgeben, von archaischen Gesellschaften bis zu modernen Rechtsstaaten, von rechtschaffenen Unternehmen bis zur Mafia. Moralische Grundwerte, so scheint es, sind Teil unserer anthropologischen Grundausstattung, und Gesellschaften, die sie ablehnen, sind kaum widerspruchsfrei möglich, nur als Gewaltherrschaften denkbar und historisch nirgendwo von langer Dauer.

Die gleichen Grundwerte zu haben, gehört somit zur Spezies Mensch dazu. Und die Unterschiede sind weit weniger gewichtig als die Gemeinsamkeiten. Wir mögen in unterschiedlichen Welten leben, aber wir sind uns in sehr wesentlichen Dingen sehr ähnlich.[70]

In diesem Sinne schrieb der Philosoph Max Scheler bereits 1916, dass das Empfinden von Werten ebenso natürlich gegeben sei wie das Sehen von Farben.[71] Ob Werte oder Farben, wenn man sie sinnlich empfindet, hat man nicht die Wahl, sie nicht zu fühlen. Insofern sei das eine so objektiv wie das andere. Für Scheler gab es sogar eine natürliche Rangordnung der Werte. Auf unterster Ebene haben wir es mit sinnlichem Fühlen zu tun und unterscheiden das Angenehme vom Unangenehmen. Eine Stufe höher unterscheiden wir die »Lebenswerte«, das Edle und das Gemeine. Und darüber steht das geistig Gefühlte, das Schöne und Hässliche, Recht und Unrecht sowie das Heilige.

Dass diese Unterscheidungen in allen menschlichen Kulturen getroffen und die positiven Werte (angenehm, edel, schön, gerecht und heilig) höher geschätzt werden als die negativen (unangenehm, hässlich, unrechtmäßig), wird heute von Anthropologen und Ethnologen bestätigt. Menschen sind überall in der Welt dazu befähigt, Wertvorstellungen zu bilden und Werthaltungen einzunehmen. Wir sind in der Lage, nicht nur an unseren Nutzen zu denken, sondern auch Ideelles anzuerkennen, das uns keinen direkten Vorteil bringt. Doch in der Lage dazu zu sein, ist nur die eine Seite der Medaille, die andere ist, ob wir tatsächlich allzu viel Gebrauch von dieser Fähigkeit machen. Und damit kommen wir zu unserem zweiten Kompass: der Opportunität.

Zu der eher missverständlichen Seite der Tugendethik gehört, in Werten eine Art Präferenzordnung zu sehen. Was ordne ich wem über? Dahinter steht die Vorstellung, dass unser Verhältnis zu unseren Werten immer ziemlich gut aufgeräumt sei. In diesem Sinne ist auch vom »Wertesystem« oder der »Werteordnung« die Rede, aus denen sich eine persönliche »Wertehierarchie« ableiten lasse. Aber gibt es die wirklich, und hat sie irgendeinen Belang für unser tägliches Handeln?

Die Wertehierarchie, die Philosophen wie Scheler so wichtig war, ist in den letzten Jahrzehnten mit äußerster Gründlichkeit untersucht worden, und zwar durch experimentelle Forschungen.[72] Und das Ergebnis ist: Es gibt sie nicht, jedenfalls nicht in der Praxis. Und die zweite Erkenntnis ist noch frappierender als die erste: Man hat nicht nur keine Wertehierarchie, die einem im Leben zuverlässig entscheiden lässt, was man tut, sondern man »hat« auch keine Werte! Unser vermeintlicher Wertebesitz ist keine internalisierte Ansammlung von sittlichen Orden, die man im Leben redlich erwirbt, wie sich die antike Tugendethik das vorgestellt hat. Viel realistischer lässt sich sagen, dass man von Werten Gebrauch macht, allerdings nicht nach einer Präferenzordnung, sondern nach Gelegenheit. Ein tapferer Kriegsheld kann ein großer Feigling sein, wenn es darum geht, seiner Ehefrau einen Seitensprung einzugestehen; ein passionierter Vertreter des Heiligen kann sich auch zu Schmutzigem hingezogen fühlen; ein eigentlich großzügiger Mensch kann verbittert und hartherzig sein, ein wahrheitsliebender Mensch dürfte sich immer wieder beim Lügen ertappen.

Die Werte, die ich fälschlicherweise für die meinen halte, sind also gar nicht meine, sondern sie sind bestenfalls Leitbilder, die häufig meinem Selbstwertgefühl schmeicheln. In der Praxis jedenfalls haben die meisten Menschen überaus flexible Grundsätze, und eine der wichtigsten stillschweigenden Maximen unseres Moralgebrauchs ist: Menschen sind lieber die Bösen als die Dummen.[73] Wenn unsere Werte uns dabei behindern, uns gut durch das Leben zu bringen, sind wir gerne bereit, ihre Gültigkeit zumindest situativ infrage zu stellen. Und nicht wenige Menschen passen ihre Moral geschmeidig den Zeitläuften an, zumindest dann, wenn sie fürchten, aufgrund ihrer Werte in eine Minderheitenposition zu geraten. Wohl nur so ist erklärlich, dass eine Partei wie die Grünen, die noch vor der letzten Wahl plakatiert hatte: »Keine Waffen in Kriegsgebiete«, heute stärker für Waffenlieferungen zur Unterstützung der Ukraine ist als jede andere Fraktion im Bundestag. Ähnliches gilt für die beiden großen christlichen

Kirchen in Deutschland, die, obwohl ihnen der Frieden der höchste Wert neben der Gottergebenheit ist, in dem Moment, wo sie sich dafür einsetzen müssten, kaum hörbar sind. Die Gründe dafür mögen vielfältig sein und die Frage nach der richtigen Haltung zu Waffenexporten und Aufrüstung in der Kirche heiß diskutiert werden – nicht allzu sehr von der Spur abzuweichen und bloß nicht zu stark ins Kreuzfeuer der Kritik zu geraten, dürften dabei aber keine geringe Rolle spielen.

Unsere persönliche Wertegebundenheit wird also leicht überschätzt, besonders von uns selbst. Und ebenso überschätzen auch Parteien, Gesellschaften, Gemeinschaften und Staaten sehr leicht, wie wertebasiert sie eigentlich sind. Was allgemein auf dem Papier, dem Prinzip oder der Idee nach gilt, relativiert sich schnell, wenn die Umstände es opportun erscheinen lassen, sich besser nicht daran zu halten. Das individuelle Nichthaben von Werten gilt also auch für das politisches Nichthaben von Werten. Mit einem Satz: Man ist nicht so moralisch wie die Werte, zu denen man sich bekennt, sondern so moralisch, wie man sich in der Praxis konkret verhält.

X.

Was sind Menschenrechte?

Was also ist unter solchen Vorzeichen davon zu halten, wenn sich die Außenpolitik der westlichen Industriestaaten auf ihre »westlichen Werte« beruft? Zunächst einmal muss man sehen, dass diese Staaten tatsächlich im Laufe der Geschichte ein beeindruckendes Wertefundament in ihren Verfassungen und ihrer Rechtsprechung verankert haben. So beriefen sich Philosophen in den westlichen Monarchien und Adelsgesellschaften vom 17. Jahrhundert an auf das antike Athen, das während der Periode der Demokratie immerhin die Gleichheit aller freien Männer festschrieb und politisch praktizierte, selbst wenn Frauen, Ausländer und Sklaven dabei außen vor blieben. Einen zweiten Strang hin zur Idee der Menschenrechte bildete in den westeuropäischen Gesellschaften vom Spätmittelalter bis zum Industriezeitalter die christliche Religion. Zwar führte die seit den Anfängen des Judentums verkündete Gottesebenbildlichkeit aller Menschen sehr lange nicht zu einem universalen Verständnis der Menschenrechte – die Trennung zwischen Rechtgläubigen und Andersgläubigen war stets dominanter –, aber seit der Renaissance gewann der Glaubensgrundsatz, dass alle Menschen Gottes Kinder seien, zunehmend politische Bedeutung. Man denke etwa an die berühmten »Zwölf Artikel«, mit denen die Bauern im Deutschen Bauernkrieg 1525 in Memmingen ihre Rechte einforderten. Oder man denke an die Abschnitte 22 bis 25 der »Neuen Gesetze«, 1542 verfasst unter dem Einfluss des spanischen Dominikaners Bartolomé de Las Casas, der die unterdrückten Indios in Peru von ihrem Joch befreien wollte; derselbe Bartolomé, der 1552 in einem Brief das erste Mal von den *reglas de los derechos humanos*, den Menschenrechten, spricht.

Im 17. und 18. Jahrhundert werden allgemeine Rechte, welche die Privilegien des Adels und des Königs einschränken sollen, zum Kampfmittel, insbesondere in England. So 1628 in der Petition of Right gegen den englischen König Karl I., dem Habeas Corpus Act von 1679, der englischen Staatsbürgern das Recht auf rechtliche Überprüfung bei Verhaftungen gewährleistet, und 1689 in der Bill of Rights, die nicht nur das Parlament gegenüber dem König stärkte, sondern auch zwei Grundrechte festschrieb: das Recht darauf, Petitionen einzugeben, und das Recht auf Waffenbesitz.

Grundsätzlicher wurde die Sache der Menschenrechte erst, als der philosophische Liberalismus die allgemeine Freiheit und Gleichheit aller Menschen zum Ausgangspunkt jedweder politischen Überlegungen machte. Zwar waren hier Frauen weiterhin ausgenommen ebenso wie Menschen außerhalb Europas, da man ihnen ihr vollständiges Menschsein einschließlich ihres existenziellen Freiheitsdrangs absprach. Dafür aber setzte sich, ausgehend von dem Briten James Harrington, der Gedanke der Gewaltenteilung durch, aufgegriffen und ausgebaut von John Locke und Charles de Montesquieu. Seinen bis dahin größten Triumph feierte der Liberalismus schließlich Ende des 18. Jahrhunderts in der amerikanischen Unabhängigkeitserklärung. Die Gleichheit und Freiheit aller Menschen (gemeint waren weiße Männer) war nun das erste Mal als grundsätzlich festgeschrieben.

Die Herrschaft des Bürgertums, die sich auch in Europa seit dem späten 18. Jahrhundert langsam und mit vielen Rückschlägen durchsetzt, ist also von Anfang an auf zwei Säulen aufgebaut. Innenpolitisch ist es die Idee der grundsätzlichen Freiheit bei Legitimation höchst ungleicher realer Freiheits- und Besitzverhältnisse. Außenpolitisch dagegen hält das Anerkennen einer »Menschenwürde« – ein Begriff der italienischen Renaissance, der 1672 vom Rechtsphilosophen Samuel

Pufendorf in den deutschen Wortschatz aufgenommen wurde – weder die europäischen Staaten noch die USA davon ab, andere Länder mit Kriegen zu überziehen, Sklaven zu halten oder Menschen anderer Hautfarbe das Menschsein abzusprechen. Von der Anerkennung der Menschenwürde aller weißen Männer bis zu allgemeinen unveräußerlichen Menschenrechten ist es ein sehr langer Weg.

Ein weiteres Zwischenstadium führt über Jean-Jacques Rousseau. Zwar erkennt der französische Philosoph in der Mitte des 18. Jahrhunderts die Freiheit und Selbstbestimmtheit aller Menschen (gemeint sind immer noch weiße Männer) an und spricht wiederholt von Menschenrechten. Doch sind sie für ihn nicht gänzlich unveräußerlich. In dem Moment nämlich, wo Menschen sich freiwillig zu einem Gemeinwesen zusammenschließen, treten sie diese Freiheit zumindest in Teilen an ein Staatswesen ab, das sich als Verkörperung des allgemeinen Willens (*volonté générale*) über alle Einzelbedürfnisse stellt. Und es ist diese Vorstellung von Menschenrechten, die die Jakobiner in der Französischen Revolution beseelt, aber auch den Tugendterror legitimiert. Gleichwohl verabschieden die Revolutionäre 1789 die Erklärung der Menschen- und Bürgerrechte. Weitaus revolutionärer war 1791 die Erklärung der Rechte der Frau und Bürgerin, verfasst von

Olympe de Gouges; so revolutionär, dass sie unter anderem dafür von Robespierres Jakobinern hingerichtet wurde. Im selben Jahr 1791 verabschieden die USA ihre Bill of Rights, einen Katalog von zehn Grundrechten, die als Zusatzartikel der Verfassung hinzugefügt sind. Deren erster sichert das Recht auf Religions-, Meinungs-, Presse- und Versammlungsfreiheit.

Tiefschürfender noch und universalistischer als die englischen und französischen Aufklärer und Revolutionäre ist die Begründung der Menschenrechte durch Immanuel Kant. Denn anders als Rousseau versucht sich Kant nicht daran, die Freiheit des Menschen aus dessen Natur zu begründen. Wie der Mensch in einem wie auch immer vorgestellten Naturzustand war, spielt für den deutschen Philosophen keine Rolle. Aus einer Tatsachenbeschreibung, dies weiß er von seinem britischen Kollegen David Hume, lassen sich keine Normen, kein »Sollen« ableiten. Die Freiheit des Menschen kann somit nicht einem vermeintlichen Naturzustand abgelauscht werden. Sondern frei ist der Mensch, weil er ein Vernunftwesen ist, das über sich selbst bestimmen kann und insofern »Würde« besitzt. Diese Freiheit ist absolut und unantastbar. Und sie kann nur dann vollumfänglich realisiert werden, wenn die prinzipielle Gleichheit eines jeden Menschen anerkannt wird. Nicht die Natur, sondern die Tatsache, dass Menschen zur Vernunft in der Lage sind und über die Menschenwürde verfügen, sichert ihnen die Menschenrechte zu, die die französischen Revolutionäre proklamieren. Und so entwirft Kant seine politischen Vorstellungen um das Vernunftrecht herum und ersinnt das bis dahin fundierteste System der Rechtsstaatlichkeit. Die vorrangigste Aufgabe des Staatswesens ist es, die Menschenrechte zu gewährleisten und sicherzustellen. Wenn wir heute die Menschenrechte als individuelle Freiheits- und Autonomierechte sehen, die jedem Menschen allein aufgrund seines Menschseins unveräußerlich und uneingeschränkt zustehen, so steht Kant dafür Pate.

Diese Geschichte der Menschenrechte ist weithin bekannt, obgleich sie nicht die einzige ist. Andere Traditionslinien finden erste Ansätze zur Idee der Menschenrechte, etwa die Gleichheit vor dem Gesetz, auch in mehreren frühen Hochkulturen des Nahen und Mittleren Ostens. Im Jahr 2009 nahm die UNESCO die Manden-Charta in die repräsentative Liste des immateriellen Kulturerbes der Menschheit auf, weil in Mali bereits im frühen 13. Jahrhundert die Sklaverei verboten worden war, und zwar mit dem Verweis darauf, dass das menschliche Leben grundsätzlich gleich und unantastbar sei. Ein weiteres Indiz für Vorstellungen von Menschenrechten findet sich in der umfangreichen Sammlung der Timbuktu-Handschriften. Islamische

Rechtsgelehrte formulierten hier seit dem Mittelalter ebenfalls einschlägige Vorstellungen von der Rechtsgleichheit aller Menschen. So kann der Kampf gegen die Sklaverei als eine nicht allein westliche, sondern tatsächlich kulturübergreifende Tradition gewertet werden. Man denke hier auch an die Revolution in Haiti 1791, die etwa eine halbe Million Menschen aus der Sklaverei befreite.

Auf die Idee, alle Menschen grundsätzlich als gleich vor dem Gesetz anzusehen und sie entsprechend zu achten, kamen also nicht nur Briten, Franzosen und Deutsche. Elemente davon und größere Übereinstimmungen finden sich in vielen Kulturen. Charakteristisch für die westeuropäischen Staaten und die USA dürfte hingegen ein ganz bestimmter Zuschnitt sein. Historisch nämlich ging ihr Kampf für die Menschenrechte, wie erwähnt, mit dem Aufstieg des Bürgertums einher. Und das war zunächst an einem interessiert: Seinen Besitz vor Beschlagnahmung zu schützen und das Leben der Besitzenden vor der Willkür des Adels. Am Anfang der Entwicklung stand also vor allem das Bestreben, das zu schützen, was dem Bürgertum den Aufstieg ermöglichte, das Eigentum. Alles andere waren zwangsläufige Folgen. Wer als Bürgerlicher erfolgreich seinen Besitz mehren wollte, musste Handel treiben und rebellierte entsprechend gegen Schutzzölle und andere Handelsbeschränkungen. Die Freiheit des Handels ließ sich durch nichts besser legitimieren als durch die Freiheit des Handelns im Allgemeinen. Handlungsfreiheit und Rechtssicherheit stehen somit am Anfang, und durchsetzbar sind sie nur, wenn man sich dafür organisieren und darüber debattieren darf. Versammlungsfreiheit, Meinungsfreiheit und Pressefreiheit waren folglich die logisch nächsten Ziele und haben bis heute in liberalen Staaten einen entsprechend hohen Stellenwert.

Welche Grundrechte einer Gesellschaft besonders wichtig sind, hängt demnach sehr stark vom Zuschnitt der Gesellschaften ab. Nomadische Völker im Regenwald oder in der Wüste bilden andere Rechtskulturen und Rechtstraditionen aus als bürgerliche Industriegesellschaften. Geografie und Zivilisation bedingen sich auf das Engste, und Traditionen sind äußerst hartnäckig. Man denke nur daran, dass kein einziges Land der arabischen Welt in der Geschichte eine gut funktionierende liberale Demokratie ausgeprägt hat, schon gar nicht mithilfe von Fremdeinmischungen wie zuletzt mehrfach beim »Arabischen Frühling«.

Für den universalistischen Anspruch der Menschenrechte ist das kein geringes Problem. Auf der einen Seite sind Menschenrechte nur dann Menschenrechte, wenn sie universell gelten. Auf der anderen Seite sind kulturelle Traditionen ein Faktum, das sich nicht mit philosophischen Argumenten beseitigen lässt. Als sich die Menschenrechte nach dem Zweiten Weltkrieg formal globalisierten – man denke an die Verabschiedung der Allgemeinen Erklärung der Menschenrechte durch die UN-Generalversammlung 1948, die Menschenrechtskonventionen der Vereinten Nationen von 1966, den Internationalen Pakt über bürgerliche und politische Rechte und den Internationalen Pakt über wirtschaftliche, soziale und kulturelle Rechte –, taten sie es bewusst unabhängig von kulturspezifischen Traditionen.[74] Und doch war 1948 bei der Erklärung der Menschenrechte durch die UN kein afrikanischer Staat an der Ausarbeitung beteiligt. Und für viele Staaten der Welt, obgleich sie all dies ratifizierten, blieben die Menschenrechte weithin ein westliches Produkt, allen voran für China, obwohl die Chinesen seit 1945 als einziges nicht westliches Land einen ständigen Sitz im UN-Sicherheitsrat haben.

Wie stark die Menschenrechte durch die spezifisch westliche Tradition, nämlich dem Aufstieg des Bürgertums gegenüber dem Adel in Westeuropa, geprägt sind, zeigt ihre historische Entwicklung. Da ist zunächst das Konzept der von Kant begründeten Menschenwürde und damit verbunden die Geltung der Rechte für alle Menschen in allen Ländern und Gebieten, unabhängig von ihrer internationalen Stellung; das Recht auf

Leben; Freiheit und Sicherheit; das Verbot der Sklaverei oder Leibeigenschaft; das Verbot der Folter oder grausamer, unmenschlicher Behandlung; der Anspruch auf Anerkennung als Rechtsperson; die Gleichheit vor dem Gesetz; der Anspruch auf Rechtsschutz; das Verbot der willkürlichen Verhaftung oder Ausweisung; der Anspruch auf öffentliches Verfahren vor einem unabhängigen Richter sowie die rechtsstaatlichen Garantien: Unschuldsvermutung, keine Strafe ohne Gesetz, der Schutz der Privatsphäre, das Recht auf Freizügigkeit (national und übernational), das Asylrecht, das Recht auf Staatsangehörigkeit, das Recht auf Eheschließung, Schutz der Familie, das Recht auf Eigentum, die Religionsfreiheit, das Recht der freien Meinungsäußerung und die Versammlungs- und Vereinigungsfreiheit.

All dies sind hohe Güter von unbestreitbarem Wert. Doch sie tragen zugleich die Handschrift ihrer Herkunft aus dem Kampf des liberalen Bürgertums gegen den aristokratischen Obrigkeitsstaat und gegen die Macht der katholischen Kirche in Europa. Der männliche Besitzbürger soll der Willkür des Staates entzogen und in der eigenen Entfaltung geschützt werden. Auf diesem Fundament sind alle liberalen Verfassungen der westlichen Industrieländer errichtet. So fortschrittlich und wegweisend die Menschenrechte der »ersten Dimension« waren, so unübersehbar sind doch ihre soziale Kälte und Gleichgültigkeit gegenüber allen Unterprivilegierten. So fiel es den Sozialrevolutionären in der Mitte des 19. Jahrhunderts nicht schwer, diese Menschenrechte als scheinheilig zu enttarnen. Was soll Gleichheit vor dem Gesetz bedeuten, wenn sich die Reichen durch gute Anwälte vertreten lassen können, die Armen hingegen nicht? Was soll Freizügigkeit bedeuten, wenn man zu arm ist, um an einen anderen Ort zu wechseln, oder sich gar in Leibeigenschaft befindet? Und was soll ein Recht auf Eigentum schützen, wenn nicht den Besitz der Reichen? Die Menschenrechte der »ersten Dimension« bleiben für die Mehrheit der Bevölkerung ein zahnloser Tiger, solange sie nicht um Menschenrechte der »zweiten Dimension« ergänzt werden: um das Recht auf Arbeit, auf soziale Absicherung, um das Recht auf Gesundheit, eine allgemeine Schulbildung und die umfassende Teilhabe an den kulturellen, politischen und wirtschaftlichen Segnungen der Gesellschaft.

Auch die Menschenrechte der »zweiten Dimension« entstammen den Köpfen europäischer Denker wie Thomas Spence, Condorcet, Gracchus Babeuf, Filippo Buonarotti, Charles Fourier, Joseph Charlier, Louis Blanc, Victor Considérant, Pierre-Joseph Proudhon sowie Karl Marx und Friedrich Engels. Rechtlich zugesichert aber wurden sie in ihrer ganzen Bandbreite erst in der sowjetischen Verfassung von 1936. Die »zweite Dimension« als gleichrangig mit der ersten anzuerkennen, fiel den Staaten mit bürgerlicher DNA lange äußerst schwer. So standen sich auch bei der Gründung der UNO im Jahr 1945 die bürgerlichen Anwälte der »ersten Dimension« und die sozialistischen Anwälte der »zweiten Dimension« mitunter scharf gegenüber. Immerhin gelang es der 1946 eingesetzten Menschenrechtskommission, welche die im Dezember 1948 im Plenum der Generalversammlung verabschiedete erste »Allgemeine Erklärung der Menschenrechte« vorbereitet hatte, eine wegweisende Synthese zu schaffen und alle Menschenrechte beider Dimensionen mit aufzunehmen.

Dies änderte jedoch nichts daran, dass die westlichen Industriestaaten während des Kalten Krieges immer wieder zu ihrer alten Behauptung zurückkehrten, nur die bürgerlichen und politischen, nicht aber die sozialen und kulturellen Menschenrechte seien tatsächlich Menschenrechte. Demnach sind die Menschenrechte nach traditionell westlichem Verständnis vor allem defensiv formuliert: Sie sind Abwehrrechte, die die Freiheit des Individuums vor staatlichen Eingriffen und Übergriffen schützen. Die offensive Version hingegen nimmt den Staat aktivisch in die Pflicht, durch umfassende Maßnahmen und Gesetze dafür zu sorgen, dass jeder zu seinem Recht kommt. Doch genau damit fremdelten die westlichen Industrieländer auffallend lange und erzwangen 1951 in der Generalversammlung der UNO die offizielle Zweiteilung der Menschenrechte. So konnte es passieren, dass es erst 1966 neben dem Internationalen Pakt auch zu einem Sozialpakt kam, der von allen großen und wichtigen Staaten der Vereinten Nationen als rechtlich verbindlich anerkannt wurde – mit Ausnahme der USA, die lediglich den Internationalen Pakt ratifizierten. Auf der Gegenseite trat China nur dem Sozialpakt bei, nicht aber dem Internationalen Pakt, und setzte dies denn auch bei seinem Wiederaufstieg in den letzten Jahrzehnten konsequent um: soziale Rechte vor politischen.

Die Menschenrechte mögen von Kant mit äußerst überzeugenden Argumenten universal gedacht worden sein, aber entwickelt und abgestimmt wurden sie nicht einmal global. Vielmehr spiegeln sie weitgehend die historische Entwicklung der westlichen Industriestaaten wider. Und deren Sensibilität für Universales wuchs erst nach und nach im Schlepptau ihrer innenpolitischen Entwicklungen. Besonders deutlich wird dies an Artikel 28 der Allgemeinen Erklärung der Menschenrechte, in dem es heißt: »Jeder Mensch hat Anspruch auf eine soziale und internationale Ordnung, in welcher die in der vorliegenden Erklärung angeführten Rechte und Freiheiten voll verwirklicht werden können.« Der Satz ist vielschichtig, denn er verpflichtet einerseits die Regierenden aller Staaten, für ein menschenwürdiges Dasein ihrer Bürger zu sorgen. Zum anderen aber nimmt er die Staaten der Welt und mit ihnen auch die UNO in die Pflicht, diese Entwicklung durch eine faire und ausgleichende Politik zu ermöglichen. Dass dem mit geringen Entwicklungshilfeetats – in Deutschland beträgt er etwa 0,8 Prozent des Bundeshaushalts – Genüge getan ist, lässt sich bezweifeln. So etwa fordern die Staaten des globalen Südens seit Längerem kollektive Solidaritätsrechte, die die reichen Länder gegenüber den Armen in die Pflicht nehmen, und nicht nur sporadische Hilfe. Zudem verweisen sie im Sinne einer eigenen Entwicklung auf das seit 1966 in beiden Pakten garantierte Selbstbestimmungsrecht der Völker, sich nach ihren jeweiligen Vorstellungen entwickeln zu können, also auf weitgehende Nichteinmischung und fairen Umgang, von dem de facto nur selten die Rede sein kann.

Entsprechend allergisch reagieren die Länder des globalen Südens darauf, wenn westliche Industriestaaten sie zur Einhaltung der Menschenrechte auffordern. Denn wer, wie fast alle großen Industriestaaten (einschließlich Russlands und Chinas), in Afrika um Ressourcen für das eigene Land kämpft, um günstige Abbaubedingungen, Schürfrechte, vorteilhafte Verträge usw., der tut dies oft genug gegen das wohlverstandene

Interesse der Mehrheit der Bevölkerung in diesen Ländern. Bestechung, Beihilfe zu Militärputschisten oder fremdfinanzierte Guerillaarmeen gehören auch heute noch zum Alltag in vielen afrikanischen Staaten mit entsprechender Missachtung der Menschenrechte.

Als störend wird die Einmischung der westlichen Staaten auch deshalb oft empfunden, weil internationale Menschenrechtsabkommen schon lange keine exklusive Sache der westlichen Industriestaaten sind. So wurde 1981 in Nairobi die »Afrikanische Charta der Menschenrechte und der Rechte der Völker« verabschiedet, die fünf Jahre später in Kraft trat und inzwischen von allen 53 Mitgliedstaaten der Afrikanischen Union unterzeichnet wurde. Bezeichnenderweise folgt dies inzwischen weltweit größte kontinentale Abkommen zu den Menschenrechten nicht eins zu eins den Spuren der europäischen Tradition. So betonte Léopold Sédar Senghor, der damalige Präsident der Republik Senegal, bei der Eröffnung der Menschenrechtskonferenz: »Europa und Amerika haben ihr System der Rechte und Freiheiten mit Bezug zu ihrer Zivilisation, ihrer jeweiligen Völker und ihren spezifischen Bestrebungen aufgebaut ... Es ist weder die Aufgabe für uns Afrikaner, dies zu kopieren, noch Originalität um der Originalität willen zu suchen. Wir müssen auf gleiche Weise den Nachweis an Vorstellungsvermögen und Effektivität erbringen. Und wir mögen unsere Inspiration in jenen unter unseren Traditionen finden, die gut und positiv sind. Sie sollten deshalb immer die Werte unserer Zivilisation bedenken und die wahren Bedürfnisse Afrikas.«[75]

Dass dies zu einigen wesentlichen Unterschieden zu den westeuropäischen und US-amerikanischen Vorstellungen der Menschenrechte führen muss, wie sie in der Europäischen Menschenrechtskonvention (1950) und der Amerikanischen Menschenrechtskonvention (1969) grundgelegt sind, wird nicht verwundern. Andere Traditionen, andere Gepflogenheiten. Andere Sitten und Gebräuche und andere historische Erfahrungen führen mitunter zu deutlich verschiedenen Sensibilitäten. Das wird schon in der Präambel der Charta deutlich, in der es heißt, dass »alle Formen von Kolonialismus, Neokolonialismus, Apartheid und Zionismus in Afrika zu beseitigen« seien. Das historische Übel gegen das die »bürgerlichen« Menschenrechte im Europa des 18. Jahrhunderts in Stellung gebracht wurden, ist ein anderes als das historische Übel, das die Träger dieser Menschenrechte als Kolonialherren in Afrika anrichteten.

Besonders auffällig ist von daher auch, dass die Rolle der Nation in Afrika eine andere ist als in Europa. Nicht nur in den Industrieländern, sondern ebenso in Lateinamerika ist das Recht auf Nationalität ein so hohes Gut, dass es Menschenrechtsstatus besitzt und sich somit in Artikel 15 der Allgemeinen Erklärung der Menschenrechte wiederfindet; kein Wunder, denn historisch liefen die Erklärungen der Menschenrechte einher mit der Begründung oder Gründung (USA) bürgerlicher Nationalstaaten. Bürgerliche Herrschaft, Nationalstaat und Menschenrechte bilden hier gleichsam eine Trinität. In Afrika hingegen sind Nationalstaaten kaum eine ernsthafte historische Kategorie. Heute bestehende Ländergrenzen und Staatsgebiete verdanken sich sehr weitgehend der Willkür und Rivalität der Kolonialmächte. Nicht als Staaten, sondern als Hoheitsgebiete gedacht, die es auszuplündern galt, fehlt den afrikanischen Staaten die Tiefe einer nationalen Tradition. Zusammengehörigkeitsgefühl besteht hier traditionell für kleine Gemeinschaften, für die Familie, die Sippe, den Stamm und die Dorfgemeinschaft, nicht anders als global in Ländern mit nomadischer Tradition oder mit versprengten Populationen.

Was aus der Sicht westlicher Staaten wie ein historischer Rückstand aussieht, der die afrikanischen Nationen zu »verspäteten« Nationen macht, lässt sich natürlich auch ganz anders interpretieren. Denn »verspätet« sind die afrikanischen Nationen nur im Blickwinkel eines Modells, das Mitte des 19. Jahrhundert durch den philosophierenden französischen Ingenieur Auguste

Comte aufgestellt wurde. Danach durchlaufen Gesellschaften den gleichen Entwicklungsgang wie Individuen. In drei Stadien entwickeln sie sich gesetzmäßig von der magischen Kindheit zur erwachsenen Reife. Und was könnte reifer und erwachsener sein als die liberal-kapitalistischen Staaten Mitte des 19. Jahrhunderts? Die bürgerliche Gesellschaft der zweiten Hälfte des 19. Jahrhunderts wird damit zur Gesellschaft schlechthin. Und wenn sie anderen Gesellschaften »Entwicklungshilfe« gibt, dann nur, um sie von einem niederen Stadium der Entwicklung auf ein höheres, der gegenwärtigen Zeit angemessenes Stadium zu bringen, genau das nämlich, in dem die Geber dieser Entwicklungshilfe sich befinden.

In diesem Geist, oft ist es ein Ungeist, rechtfertigen NATO-Staaten bekanntlich bis heute ihre Interventionskriege in aller Welt. Wenn die USA in Vietnam oder in der arabischen Welt die »Freiheit« verteidigen und westliche Demokratien in Ländern ohne entsprechende Tradition etablieren wollen, dann lebt das 19. Jahrhundert weiter fort. Philosophisch hat sich das neokonservative Konzept des *nation building* der Gegenwart nicht von Comte und der anschließenden Kolonialzeit gelöst: dass es die Aufgabe der westlichen Industrieländer sei, in allen Teilen der Welt für Ordnung und Fortschritt zu sorgen, designed nach der zeitlos gültigen Blaupause liberal-kapitalistischer Demokratie. Wie Comtes Positivismus sieht sie sich als die beste aller möglichen Welten für jedes Volk auf der Erde, ungeachtet aller kulturellen Unterschiede und Traditionen.

Kritiker dieses Modells dagegen können im Fehlen der Emotionskategorie »Nation« auch Gutes sehen. Wie viele Kriege wurden aus nationalistischen Gründen geführt? Wie wenig ist damit gesagt, dass jemand an einem bestimmten Fleck auf der Erde geboren wurde, der darüber bestimmt, dass er mit einer Reichweite von hundert oder mehreren Tausend Kilometern mit etwas anderem auf immer zusammenhängen soll. »Von Natur aus«, so betonte bereits der antike griechische Philosoph Ariston von Chios im dritten Jahrhundert vor Christus, »gibt es kein Vaterland, ebenso wenig wie es auch kein Haus, kein Ackerland, keine Schmiede und keine Arztpraxis gibt«.[76] Liegt in der stark emotionalen Zugehörigkeit zu einer Nation nicht auch immer eine Überforderung (häufig gepaart mit hoher Reizbarkeit), die es bei der oft stark empfundenen Zugehörigkeit zu einer Region eher selten gibt?

Es ist hier nicht der Ort, die Vor- und Nachteile eines strengen Nationenkonzepts zu diskutieren, und ohne Zweifel existiert beides. Staatenlos zu sein, ist in der modernen Welt jedenfalls ein so großes Problem, dass das Menschenrecht auf eine nationale Identität zumindest dadurch zu seiner verständlichen Bedeutung kommt. Für den afrikanischen Kontinent ist dagegen der Begriff »Volk« und jener der »Völker« traditionell wichtiger, selbst wenn nach der Unabhängigkeit auch jener der »Nation« hinzugekommen ist. Zusammengesetzt aus Vielvölkerstaaten und entsprechend hoher Bürgerkriegsgefahr werden Menschenrechte in Afrika, anders als in Europa, auf vielfältige Weise mit dem Begriff einer »Volksgemeinschaft« und mit Pflichten gegenüber dieser Gemeinschaft verbunden. Der konsequente Individualismus, den die westliche Handschrift der Menschenrechte zeichnet, wird in der Afrikanischen Charta von Menschenpflichten gegenüber der Familie, der Gruppe, der Dorfgemeinschaft oder dem jeweiligen Volk flankiert.

So verdeutlicht die Afrikanische Charta, dass auch prinzipiell überzeitlich und universell gedachte Menschenrechte abhängig sind von kulturellen, historischen und nicht zuletzt ökonomischen Zuständen. Während das Selbstbestimmungsrecht der Völker in Westeuropa heute von niemandem infrage gestellt wird – es sei denn, sie geraten dadurch selbst in Schwierigkeiten wie etwa durch die Separationsbestrebungen in Katalonien –, ist es im von Fremdeinflüssen historisch und politisch gebeutelten Afrika ein bedeutendes Thema. So hält der Artikel 20 der Afrikanischen Charta fest, dass alle Völker »das unbestreitbare Recht und unveräußerliche Recht auf Selbstbestimmung« haben. »Sie entscheiden frei über ihren politischen Status und gestalten ihre wirtschaftliche, soziale und kulturelle Entwicklung nach der von ihnen frei gewählten Politik.«[77] Auch das »Recht auf Entwicklung« ist in der Afrikanischen Charta aus guten Gründen ein Menschenrecht der Völker. Und Menschenrechtsstatus besitzt zudem das »Recht auf eine Umwelt«, in der sich Menschen und Völker angemessen entwickeln können.

Eine eigene Charta der Menschenrechte haben auch die arabischen Staaten. Im Jahr 1994 zunächst ziemlich erfolglos verabschiedet – es unterzeichnete lediglich der Irak –, erlebte sie 2004 ihre dritte Fassung. Inzwischen gehören neben dem Irak auch Jordanien, Bahrain, Algerien, Syrien, Palästina, Libyen, der Libanon, Katar, Saudi-Arabien, der Jemen, und die Vereinigten Arabischen Emirate zu den Unterzeichnern und damit zahlreiche Staaten, die keine funktionierenden Demokratien sind. Die Missachtung der Menschenrechte ist hier weiterhin gelebter Alltag.

Wesentlich lauter und kontroverser diskutiert wird in den westlichen Industrieländern jedoch die Asiatische Deklaration der Menschenrechte (*ASEAN Human Rights Declaration*) von 2012. Wie kaum anders zu erwarten, berufen sich die unterzeichnenden asiatischen Länder

Brunei, Kambodscha, Indonesien, Laos, Malaysia, Myanmar, die Philippinen, Singapur, Thailand und Vietnam auf gleiche Weise auf ihre asiatische Tradition wie Europa auf seine europäische und Afrika auf seine afrikanische. So etwa spielt für die traditionell eher kollektivistisch geprägten Kulturen die Gemeinschaft (ähnlich wie in Afrika) eine sehr viel stärkere Rolle als in Europa oder den USA. Individuen werden nicht voneinander isoliert betrachtet, sondern eingebettet in einen Gemeinschaftskontext, aus dem die europäische Tradition sie philosophisch löst, um ihnen unveräußerliche Menschenrechte als Individualrechte zuzusprechen. Im traditionellen ostasiatischen Kontext hingegen existiert dieses Herauslösen nicht. Menschen werden dort immer als Teil einer Gemeinschaft gesehen, ohne die sie nicht leben und auch nicht autonom handeln können. Die Werte des gedeihlichen Zusammenlebens der Gemeinschaft oder Gesellschaft überlagern damit die Individualrechte. Werte wie Tüchtigkeit, Fleiß, Verträglichkeit, Loyalität, Gemeinwohlorientierung, Stabilität oder Ordnung fließen auf eine Weise ins Menschenbild mit ein, die der liberalen Tradition der westlichen Industrieländer fremd ist. So ordnen auch die Chinesen das Austarieren der verschiedenen widerstreitenden Menschenrechte dem ihres Erachtens wichtigsten Menschenrecht, dem Recht auf Entwicklung, unter.[78]

Aus westlicher Sicht liegt die enge Verflechtung von Individual- und Gemeinschaftsrechten dem internationalen Menschenrechtsverständnis eher fern – gemeint ist natürlich jenes der westlichen Tradition. Daran ändert auch nicht viel, dass die westlichen Staaten mit den Menschenrechten der »dritten Generation«, wie dem Selbstbestimmungsrecht der Völker und dem Schutz von Minderheiten, einigen Kollektivrechten durchaus zugestimmt haben. Bemängelt wird aus westlicher Perspektive, dass es letztlich die Regierungen sind, die darüber entscheiden, was ein angemessenes Verhalten des Individuums ist. Gemäß der europäischen Tradition, insbesondere dem Menschenrechtsverständnis nach Kant, hat der Staat darüber aber nicht zu befinden, weil fundamentale Menschenrechte staatlichem Handeln übergeordnet sind. Wenn Grundrechte eingeschränkt werden dürfen, dann deshalb nur im Rahmen rechtsstaatlichen Handelns (wie etwa einige Freiheitsrechte während der Covid-19-Pandemie). Dass viele asiatische Staaten die Notwendigkeit und Verhältnismäßigkeit von Einschränkungen der Grundrechte (durchaus im Einklang mit der Bevölkerungsmehrheit) anders interpretieren, gilt für die westlichen Industriestaaten als inakzeptabel und mit dem Grundsatz der Menschenrechte als unvereinbar.

In diese Richtung geht nahezu sämtliche Kritik aus

den westlichen Industriestaaten, aber auch jene der UNO-Hochkommissarin Navanethem Pillay aus Südafrika. Sie bemängelt, dass die an der Charta beteiligten asiatischen Staaten die Zivilgesellschaft nicht in den Prozess der Ausarbeitung der Menschenrechte miteinbezogen hätten.[79] Besonders groß erscheint ihr und anderen aber vor allem die Gefahr, dass die asiatischen Staaten mit ihrer Charta keine Ergänzung oder Zusatzinterpretation der Menschenrechte, sondern eine Abweichung vom überwiegend europäisch geprägten Menschenrechtsverständnis etablieren könnten; andere Länder, andere Sitten, andere Menschenrechte. Der Universalismus, ohne den die Menschenrechte in der europäischen Tradition nicht denkbar sind, wäre damit zumindest etwas relativiert. Und Staaten, die sich auf ein in manchen Fragen abweichendes Verständnis der Menschenrechte geeinigt haben, wären in ihrer problematischen Rechtspraxis kaum noch kritisierbar. Wie soll international Unrecht sein, was sich national oder gar kontinental mit den Menschenrechten vereinbaren lässt?

XI.

Warum es mehr schadet als hilft, von westlichen Werten zu sprechen

Menschenrechte, wie die UNO sie definiert, sind unveräußerliche Rechte eines jeden Menschen. Und sie formulieren ethische Standards für das, was es heißt, Mensch zu sein und menschenwürdig zu leben. Menschenrechte mögen ihre historische Entwicklungsgeschichte haben, gleichwohl ist es für ihre universelle Geltung notwendig, sie gerade nicht aus Traditionen herzuleiten, sondern sie sollen überzeitlich und überkulturell gültig sein, mit all den genannten Schwierigkeiten, von denen im vorangegangenen Kapitel die Rede war.

Wie aber verhalten sich diese universell gedachten Menschenrechte zum Begriff der »westlichen Werte«, der gerade in den letzten Jahren verstärkt in der Politik und in den Massenmedien grassiert? Ist er identisch oder teilidentisch mit den Menschenrechten? Die Frage ist nicht leicht zu beantworten, denn der Begriff »westliche Werte« ist weder sauber definiert noch ist sein

Gebrauch normiert. Wer von westlichen Werten spricht, gerät allerdings leicht in den Verdacht, die Menschenrechte einzig in der Tradition der westlichen Industriestaaten zu sehen. Betont werden zudem, neben den Errungenschaften der Aufklärung, häufig auch christliche Wertvorstellungen. Und westliche Werte werden offensichtlich als ein Topverschnitt von beidem gesehen, eine Art aufgeklärte Menschenliebe, nicht selten versehen mit einem traditionellen abendländischen Überlegenheitsanspruch.

Dass darin ein Widerspruch enthalten ist, fällt den Verfechtern westlicher Werte gegenüber anderen Kulturen und Wertvorstellungen meist gar nicht auf. Doch wie soll einerseits »westlich« sein, was andererseits »universell« sein soll? Immanuel Kants Konzept der Menschenwürde und der Menschenrechte war, ihrer Universalität und Allgemeingültigkeit entsprechend, nicht westlich. Niemals hätte er von westlichen Werten gesprochen und auf seine eigene Miturheberschaft verwiesen. Kant hätte auch nicht verstanden, was mit dem Begriff »Westen« gemeint sein soll. Als Königsberger fühlte er sich nicht westlich, sondern, wenn überhaupt, mitteleuropäisch. Wie mit Winkler gezeigt, ist der Westen in seiner Genese ja ohnehin vor allem eine militärische Kategorie und nicht primär eine moralische. Westliche Staaten haben in ihrer Geschichte nicht deutlich weniger Verbrechen begangen als andere Staaten. Und weder die christliche Tradition noch jene der Aufklärung haben sie davon abgehalten.

Mit kalter Lust seziert der Schriftsteller Rolf Schneider deshalb, was für ein merkwürdiges Konstrukt die westlichen Werte sind: »Reden wir über Werte. Der Begriff, immer in der Mehrzahlform, ist derzeit ständig zu hören: in Sonntagsreden, in Debattenbeiträgen, in Leitartikeln, in Talkshows. *Unsere* Werte. Auch als westliche oder christliche Werte kommen sie vor. Wir sollen und wollen an ihnen festhalten. Wir müssen sie verteidigen. Was exakt sie beinhalten, wird fast niemals gesagt. Worum also geht es? Nehmen wir die christlichen Werte. Besser wäre von Botschaften, Grundsätzen, Zielen die Rede. Sofern der Inhalt von Jesu Bergpredigt gemeint ist, die Feindesliebe, wurde und wird er von christlichen Staaten vorwiegend missachtet. Oder nehmen wir jene mitmenschliche Praxis, die gemeinhin Brüderlichkeit heißt. In der Französischen Revolution säkularisiert, wurde sie, als Solidarität, ihrem theologischen Ursprung völlig entfremdet.«[80]

Tatsächlich spielt die so oft beschworene christliche Wertetradition in der politischen Praxis der westlichen Industriestaaten überhaupt keine Rolle. Wer als Politiker materielle Bedürfnislosigkeit im Sinne Jesu predigt, macht sich zum Verräter an der Marktwirtschaft, an Fortschritt und Wachstum; Werte, die deutlich tiefer im Alltagsbewusstsein der Europäer und US-Amerikaner verankert sind als das so häufig genannte Christentum. Man muss sich zu diesem Zweck nur einmal ernsthaft fragen, für was sich die Bundesbürger entscheiden würden, wenn sie vor die Wahl gestellt würden: weniger Christentum oder weniger Konsum? Aber wohl auch: weniger Freiheit und dafür deutlich mehr Wohlstand? Naheliegend, dass die israelische Philosophin Eva Illouz den Konsum für einen der wichtigsten Werte der westlichen Industrieländer hält. Denn wer würde darauf schon verzichten? Wahlkämpfe drehen sich, wenn sie überhaupt ernsthaft inhaltlich werden, stets um Wohlstands- und Wachstumsversprechen, aber nicht um unsere hohen idealistischen Werte wie Freiheit, Barmherzigkeit und Frieden.

Auch die permanente Sinn- und Glückssuche in der westlichen Welt ist alles andere als christlich. Konterkariert sie nicht das Konzept der Gottergebenheit? Die Nächstenliebe ist und bleibt zumeist ein frommer Wunsch jenseits der Realität. Und die hohen christlichen Werte der Gewaltlosigkeit und des Pazifismus sind heute zu üblen Schimpfwörtern verkommen. Im politischen Diskurs kommen sie nur noch als »Vulgärpazifismus« vor, obwohl niemand, der davon spricht, wissen dürfte, was »vulgär« in diesem Zusammenhang bedeuten könnte – das Antonym zu »elitärem«, »gehobenem«, »exklusivem« Pazifismus? War Jesus, der das Kreuz nahm und nicht das Schwert, das zu seiner Verteidigung gezogen wurde, ein »Vulgär-Pazifist«?

Die schlichte Wahrheit ist: Christliche Werte werden von den Verfechtern westlicher Werte notorisch nicht ernst genommen und liebend gern verlacht, besonders häufig von Politikern der Christlich Demokratischen Union. Wie sollte man auch im Namen unserer christlicher Werte Kriege führen oder diese unterstützen, ohne den christlichen Werten, in dem Moment, wo man sie zu verteidigen glaubt, zu widersprechen, ja, sie radikal zu missachten?

Geht es nach Rolf Schneider, so sollten wir auf den Begriff der »Werte« sogar völlig verzichten, weil er viel zu missverständlich, unglaubwürdig und inkonsistent sei: »Insgesamt meint es den westlichen Lebensstil. Ihn zu verteidigen haben wir guten Grund und alles Recht. Warum aber reden wir statt von Lebensstil lieber von Werten? Weil es kostbarer klingt? Der Begriff Werte erweist sich bei näherem Hinsehen als bloße Worthülse: pompös und der Sache nicht dienlich. Wir sollten ihn besser meiden.«[81]

Selbst wenn es gute Gründe gibt, Schneiders Sicht nicht in Gänze zu teilen, richtig bleibt: Je näher man den westlichen Werten kommt, umso verschwommener werden sie. Und so sind sie ein permanentes gesellschaftliches Streitthema. Während der Covid-19-Pandemie herrschte größtes Durcheinander auf allen Ebenen, wenn es darum ging, die Werte der Freiheit und Freizügigkeit gegen die Werte der medizinischen Sicherheit, des Lebensschutzes und des Interesses der Allgemeinheit gegeneinander abzuwägen. Unsere westlichen Werte liegen nicht gut aufgeräumt im Schrank. Vielmehr bilden sie einen Fundus, der in Extremzeiten schnell zu juristischen Schwierigkeiten führt. Und so richtig ernst nehmen auch die Parteien ihre Grundwerte nicht. So streckte die auf Freiheitswerte spezialisierte FDP im Ernstfall der Pandemie auffallend schnell die Waffen und überließ (mit Ausnahme von Wolfgang Kubicki) das Feld der pöbelhaft-populistischen Rebellion der AfD. Und die Grünen verabschiedeten sich nach dem russischen Angriff auf die Ukraine schneller von ihrem jahrzehntealten programmatischen Pazifismus, als der verwunderte Betrachter sich die Augen reiben konnte. Die Praxis der höchst flexiblen Grundsätze ist demnach ziemlich typisch für den Umgang mit Werten, nicht nur auf der Individualebene, sondern auch in Politik und Gesellschaft. Und zwischen hehren Idealen und pragmatischen Maximen klaffen Welten.

In der alltäglichen Lebenspraxis konkurrieren Werte und Ideale mit mächtigen Gegnern wie Gewohnheiten und lieb gewonnenem Lebensstil. Präsent sind sie zumeist nur sehr indirekt als Regeln und Normen, die wir uns nicht selber geben, sondern in die wir uns, wie gezeigt, einpassen, sodass schwer zu sagen ist, ob sie wirklich »unsere« Regeln und Normen sind. Jedenfalls dann, wenn wir mit »unser« nicht das Bürgerliche Gesetzbuch oder das Grundgesetz meinen, sondern uns selbst. Ansonsten herrscht in Bezug auf unsere Werte das größte gesellschaftliche Chaos. Die einen wünschen sich mehr Pluralismus, mehr Minderheitenrechte und mehr Multikulti und halten dies für die innenpolitisch wichtigste moralische Frage. Die anderen kämpfen genau dagegen und sehen das deutsche Wesen in den aus ihrer Sicht völlig übertriebenen Genderdebatten und in der zu großen religiösen Toleranz der Multikultigesellschaft verloren gehen; und auch sie halten dies für die wichtigste innenpolitische Moraldebatte überhaupt. Kein Schelm, wer die moralische Selbstgewissheit innenpolitisch in genau jenem Moment am verunsichertsten sieht, in der sie außenpolitisch als Kampf um westliche Werte immer sichtbarer aufflammt. Und wäre dies nicht zumindest eine Teilerklärung dafür, warum die Menschenrechte derzeit so oft mit westlichen Werten gleichgesetzt oder vermengt werden? Die Unentschlossenheit im Inneren kompensieren durch außenpolitische »Entschlossenheit«? Es wäre nicht das erste Mal in der Geschichte, sondern ein oft aufgeführtes Stück, innenpolitische Probleme durch entschlossene Außenpolitik zu überdecken. Im Angesicht von Feinden und Bedrohungen steigt bekanntlich der gesellschaftliche Zusammenhalt, zumindest darf man darauf hoffen.

Nach alldem, was über Werte und Menschenrechte ausgeführt wurde, lassen sich fünf starke Gründe benennen, warum die derzeit so häufig gebrauchte Formulierung »westliche Werte« nicht hilfreich, ja meist sogar kontraproduktiv ist. Der erste lautet: Wenn die Menschenrechte mehr oder weniger identisch mit *westlichen* Werten sein sollen, dann klingt bereits im Wort an, dass es die Werte des Westens sind. Und damit sind sie ziemlich leicht vom Tisch zu wischen, eben als westlich und nicht als universell. Die Betonung der westlichen Tradition arbeitet also gegen den Universalitätsanspruch, den die Menschenrechte in der Tradition Kants bis hin zur UN haben sollen und haben müssen, um wirklich Menschenrechte zu sein. Für Markus N. Beeko, Generalsekretär der deutschen Sektion von Amnesty International, sind westliche Werte entsprechend befremdlich: »Denn die Menschenrechte sind mehr als gemeinsame ›Werte‹. Sie sind durch internationale und nationale Regelungen verbrieftes, geltendes Recht, das Staaten und uns alle zum Schutz verpflichtet. Sie sind universelle und unveräußerliche Rechte – die jedem und jeder zustehen, überall, ungeachtet von Herkunfts- oder Lebensort, und unabhängig davon, ob andere sie als ihre ›Werte‹ verstehen.«[82]

Die Universalität der Menschenrechte schließt jede Ortsbestimmung, jede Tradition und jede Himmelsrichtung aus. So kann, was universell gültig sein soll und ideal gedacht ist, nicht westlich sein. Und die im Begriff »westliche Werte« indirekt behauptete moralische Überlegenheit des Westens (als vermeintlicher Alleinurheber dieser Werte) führt den idealen Gleichheitsgrundsatz aller Menschen und damit aller Kulturen und Zivilisationen ad absurdum.

Universalität kennt keine Ausnahmen. Denn all die internationalen Institutionen zum Schutz der Menschenrechte gewinnen ihre Glaubwürdigkeit und Dignität einzig durch die Tatsache, dass sie für alle Staaten der Welt in gleichem Maße verbindlich sind. Doch gerade daran hapert es leider ganz erheblich unter maßgeblicher Mitschuld des Westens. Der im Jahr 2002 gegründete Internationale Strafgerichtshof (IStGH) ist eine bahnbrechende Idee zum Schutz der Menschenrechte, die gewährleisten soll, dass kein politischer Schlächter und kein Kriegsverbrecher, auch nicht jene mit Schlips und Kragen, vor internationaler Justiz geschützt sind. Was aber nützt diese Idee, wenn selbst mehrere Staaten des Westens sich erlauben, ihm nicht anzugehören, um sicherzustellen, dass ihre Staatsbürger, einschließlich Präsidenten und Ministern, von der Verfolgung ausgenommen sind? Es sind also nicht nur China, Russland, Indien, Nordkorea, der Iran, der Irak, Kuba, Syrien, die Philippinen und der Sudan, die den IStGH für sich nicht anerkennen, sondern auch das mitunter zum Westen gezählte Israel, die ebenfalls dazu gezählte Türkei und, besonders dramatisch, die USA. Die Vereinigten Staaten torpedierten den IStGH sogar ganz ausdrücklich. Im Jahr seiner Gründung wurde der American Service-Members' Protection Act rechtskräftig, wonach der US-Präsident ermächtigt ist, US-Amerikaner, die sich in Den Haag verantworten müssen, selbst mit militärischer Gewalt befreien zu dürfen. Keine US-Behörde darf mit dem IStGH zusammenarbeiten. Und Richter und Staatsanwälte, die wegen möglicher Kriegsverbrechen der USA in Afghanistan ermittelten, wurden 2018 mit Einreiseverboten in die Vereinigten Staaten, mit Finanzsanktionen sowie mit US-Strafverfolgung bedroht und ein Jahr später auch tatsächlich belegt.

Die Botschaft ist unmissverständlich: Die USA erkennen keine internationale Gerichtsbarkeit in Sachen Menschenrechte an, nicht anders als die genannten Staaten China, Russland, Indien und weitere. Und die universalistisch-humanistische Idee des Internationalen Strafgerichtshofs wurde zerstört, noch bevor er seine Arbeit aufnehmen konnte. Und wenn heute ein Staat wie die USA, die den IStGH so sehr bekämpfen, lautstark begrüßt, dass der russische Präsident Wladimir Putin dort angeklagt ist, wird die Farce offensichtlich. Demonstrativer kann man das Ideal einer humanistisch-universellen Gerichtsbarkeit gar nicht veralbern.

Universelle Werte vertragen es nicht, dass sie mit zweierlei Maß gemessen werden, und sie erteilen auch keine Ausnahmegenehmigungen. Wer russische Athleten wegen des russischen Angriffs auf die Ukraine für internationale Wettbewerbe sperren lassen will, kann nur dann glaubwürdig argumentieren, wenn er beim US-amerikanischen Überfall auf den Irak 2003 den Ausschluss von US-Sportlern von internationalen Sportveranstaltungen gefordert hat. Wer Wladimir Putin wegen seiner Kriegsverbrechen vor dem Internationalen Gerichtshof sehen will, der muss auch darüber nachdenken, George W. Bush und Tony Blair, derer sich derzeit sehr viel leichter habhaft werden lässt, dort anzuklagen. Völkerrechtsbruch muss Völkerrechtsbruch sein und Angriffskrieg gleich Angriffskrieg betrachtet und geahndet werden. Das Recht Immanuel Kants und der UNO kennt de jure weder Sympathien noch Parteilichkeit noch Wegschauen. Und das bedeutet: *Nicht das*

Recht allein, sondern das für alle gleiche Maß sichert seine Verbindlichkeit. Und solange dies nicht existiert, gibt es leider Gründe, um darüber zu streiten. Eine der Idee nach unverrückbare Weltordnung könnte nur dann existieren, wenn alle ihr freiwillig zustimmen und jeder ihr in genau gleichem Maße verpflichtet ist. Davon jedoch ist die Welt leider Lichtjahre entfernt.

Die Werte der Menschenwürde, der individuellen Freiheit, der Rechtsstaatlichkeit, der Gewaltenteilung usw., das ist der zweite Punkt, *gehören* nicht dem Westen. Sie befinden sich nicht in seinem Besitz als unveräußerliches Eigentum. Sie sind keine Exportschlager Made in Germany wie Mercedes-Karossen, Stahlturbinen, Klebstoffe und Düngemittel. »Westlich?«, fragt Beeko, »Mahatma Gandhi soll auf die Frage, was er von westlicher Zivilisation halte, geantwortet haben: ›Ich denke, das wäre eine sehr gute Idee.‹ Denn westliche Zivilisation und ihre politischen Ausprägungen waren mit Sklaverei, Rassismus, Antisemitismus, Kolonialismus, Segregation, dem Apartheidregime und Völkermorden selten genug Beleg für universelle Menschenrechte, wie sie spätestens seit 1948, als die UNO mit der Allgemeinen Erklärung der Menschenrechte deren weltweite universale Gültigkeit erklärte, international verbrieft sind.«[83] Die lange Geschichte des Schindluders, den europäische Staaten und die USA mit »ihren« Werten getrieben haben, von den Kreuzzügen über den Kolonialismus bis Vietnam und zu George W. Bushs Golfkrieg, stellen die Bezeichnung »westliche Werte« in mehr als der Hälfte der Welt unter Ideologieverdacht. Mag dies in Deutschland heute nicht allzu präsent oder vergessen sein, in den ehemaligen britischen Einflusssphären Indien und China ist es äußerst lebendig. Das Vergangene ist im Bewusstsein Chinas und Indiens nicht tot. Es ist – frei nach William Faulkner – nicht einmal vergangen. Und ist der ketzerische Gedanke völlig abwegig, dass es bis heute vielleicht auch deshalb bestimmte Freiheitswerte in China nicht gibt, weil sich das Land gut 100 Jahre (von 1839 bis 1949) nicht selbstständig entwickeln durfte, sondern Spielball westlicher Interessen war? Der lange Schatten der Fremdeinmischung ist so beharrlich wie unvergessen.

Der Begriff »westliche Werte« wird dementsprechend nur in den USA und in Westeuropa als fraglos positiv angesehen. Wir kommen damit zum dritten Grund, der seine Verwendung heikel macht. Die Betonung des spezifisch Westlichen an den Werten macht diese Werte im Rest der Welt problematisch, weil hier eine Traditionslinie der Menschenrechte (die spezifisch westliche) als allen anderen *überlegen* behauptet wird. Nach dem Motto: »Wir haben die richtigen oder die besseren Werte!« Das aber wiederum ruft viertens bei allen nicht westlich geprägten Staaten unweigerlich *Trotz und Widerstand* hervor, zumal wichtige Belange dieser Länder, insbesondere in Afrika, durch die Dominanz der westlichen Tradition zu lange nicht hinreichend ernst genommen wurden und werden. In diesem Sinne sieht Martin Kimani noch immer eine strukturelle Ungleichbehandlung von Katastrophen in der Welt, je nachdem, wo sie sich ereignen: »Ich habe gesehen, wie die internationale Gemeinschaft auf verschiedene Krisen und Konflikte reagiert. Und ich habe ihre Unfähigkeit gesehen, gleichermaßen zu reagieren, je nachdem, woher man kommt. Wenn Sie ein armer Afrikaner sind, der unter den Auswirkungen des Klimawandels leidet, und Ihre Regierung argumentiert, dass die Verantwortlichen mehr tun, um ihren Verpflichtungen nachzukommen: Nun, dieses Argument trägt nicht wirklich so viel Gewicht, wie wenn ein wohlhabender Europäer oder Nordeuropäer oder Westler von derselben Art von Schaden betroffen wäre. Dann würden sie eine völlig andere Reaktion sehen ... Wir haben das während Covid gesehen ... Ich denke, es ist wirklich die Spiegelung einer Machtordnung.«[84]

Die Kombination des Begriffs »westliche Werte« mit einer Praxis, die die Belange der westlichen Industrieländer höher bewertet als jene anderer Staaten, ist für die Sache der Menschenrechte toxisch. Denn sie stellt den Universalismus infrage, ohne die den Begriff der »Menschenrechte« hinfällig wird. Wer ausdrücklich von westlichen Werten spricht, muss nämlich fünftens hinnehmen, dass es auch eine als gleichberechtigt behauptete *Alternative* zu ihnen gibt. Wenn es westliche Werte als Synonym für Menschenrechte geben soll, warum sollte es dann nicht auch östliche Werte oder südliche Werte als Synonym für Menschenrechte geben, nur eben in einer anderen Traditionslinie und entsprechender Interpretation? Menschenrechte werden damit von einem Dorn im Fleisch von Diktaturen zu einem Rechtfertigungsbegriff. Denn jede Kultur kann nun auf ihr eigenes Verständnis der Menschenrechte pochen. Damit ist nicht nur Kants Universalismus vom Tisch, sondern mit ihm auch jede Möglichkeit von Kritik etwa durch Menschenrechtsorganisationen. »Diejenigen, die die Menschenrechte als ›westliche Werte‹ titulieren«, ärgert sich Beeko, »erweisen ihnen einen Bärendienst: Sie reden repressiven Regierungen das Wort, die die Unterdrückung von Frauen oder bestimmten Bevölkerungsgruppen als kulturelle Tradition verteidigen; sie liefern Wasser auf die Mühlen Chinas, das, obwohl es sich internationalem Recht verpflichtet hat, dieses mit einem alternativen Menschenrechtsbegriff auszuhöhlen versucht; sie verraten Millionen Menschen, die von ihren Regierungen die Achtung und Einhaltung der

Menschenrechte einfordern – und denen deshalb vorgeworfen wird, ›eine westliche Agenda zu verfolgen‹.«[85]

Bedauerlicherweise ist der Vorwurf der »westlichen Agenda« auch nicht leicht von der Hand zu weisen. Wie Winkler ausgeführt hat, ist der »Westen« in seiner Genese ein militärischer Zweckbegriff – und westliche Werte sind es leider viel zu häufig auch. Selbst wenn den Bevölkerungen in den westlichen Industrieländern dies nicht bewusst sein sollte, im Rest der Welt ist es das durchaus. Und es tut der Sache sicher nichts Gutes, wenn bahnbrechende positive Errungenschaften der Menschheit wie die Menschenrechte als vermeintlich westliche Werte instrumentalisiert werden, dass es sie unweigerlich beschädigen muss. Ihre Verwendung als Waffen in der Rivalität von Staaten widerspricht zutiefst der Idee substanzieller Gleichheit aller Menschen und Völker, die fundamental in den Menschenrechten verankert ist.

Doch wenn es, wie gezeigt, eine ganze Reihe sehr guter Gründe gibt, die stark dafürsprechen, anderen Ländern keine sogenannten westlichen Werte vorzuhalten, warum machen wir es dann unverdrossen immer weiter und verstärken es in letzter Zeit sogar noch?

XII.

Die Fallstricke der bisherigen wertegeleiteten Außenpolitik

Vor dem Hintergrund des gerade Ausgeführten verwundert, ja, verblüfft es geradezu, dass in Deutschland gegenwärtig fast alle im Bundestag vertretenen Parteien den Begriff »westliche Werte« so leichtfertig verwenden. Die Motive dürften verschieden sein. Vertreter der Grünen halten oft für bare Münze, was interessegeleitet formuliert wird; wohingegen Außenpolitiker der Union im Regelfall sehr genau wissen, aus welchem Interesse heraus sie sprechen. Dies dürfte nicht zuletzt für den Satz gelten, den die CDU/CSU-Fraktion im Februar 2024 auf ihrer Homepage schrieb: »In ihrem Abwehrkampf verteidigen die Ukrainer somit auch westliche Werte wie die Wahrung der Menschenrechte, Demokratie und Rechtsstaatlichkeit.«[86] Doch weder sind, wie gezeigt, die Menschenrechte »westliche Werte«, noch ist die Ukraine, in der seit zwei Jahren das Kriegsrecht herrscht, derzeit ein gutes Beispiel für Demokratie und

Rechtsstaatlichkeit – und sie war es auch zuvor nicht. Eine gut funktionierende Demokratie und vorbildliche Rechtsstaatlichkeit in der Ukraine sind kein Fakt, sondern allenfalls eine Wette auf die Zukunft.

Westliche Werte werden also aus unterschiedlicher Motivation hochgehalten, und der Mix aus Interessenskalkül und tiefer Überzeugung dürfte nicht nur unter Parteien, sondern auch unter Politikern und Journalisten individuell unterschiedlich sein. Gemeinsam aber ist allen, die diese westlichen Werte in direkter oder indirekter Konfrontation in andere Kulturkreise implementieren wollen, dass sie offensichtlich daran glauben, dass dies auch tatsächlich von Erfolg gekrönt sein wird. Dabei wissen nicht nur Psychologen, dass zu stark wunschgetriebenes Denken und Handeln eine böse Falle sind. Die Geschichte ist ein großer Friedhof wunschgetriebenen Denkens, von Hannibals Italienfeldzug bis zur missglückten Nationenbildung durch Interventionskriege in Nordafrika wie im Nahen und Mittleren Osten. Zudem erfordert der Zuschnitt der Welt auf ein einfaches Schema, das einem gefällt, schon eine ordentliche Portion von der Fähigkeit zur Selbstblindheit, besonders ausgeprägt gegenwärtig bei den Grünen. Lässt sich der Widerspruch denn tatsächlich übersehen, der ihre gegenwärtige moralische Positionierung ausmacht? Auf der einen Seite definiert sich die Partei durch ihre hohe Sensibilität gegenüber Kultur- und Rassenfragen, sie erkennt ein Maximum an Diversität an und trägt die Fahne des Multikulturalismus. Auf der anderen Seite allerdings besteht die gleiche Partei auf dem hochproblematischen Sendungsanspruch, im Namen westlicher Werte sprechen zu können und diese Werte in die Welt zu tragen.

Dieser Widerspruch führt die Grünen unmittelbar in das, was ich das grüne *Toleranz-Paradox* nennen möchte. Zur Erfolgsgeschichte liberaler Demokratien gehört, dass sie über die zweieinhalb Jahrhunderte ihres Bestehens nach und nach immer toleranter wurden. Staaten, die ursprünglich nur für privilegierte weiße Männer gedacht waren, entwickelten sich in allen westlichen Industriegesellschaften mehr und mehr zu offenen pluralistischen Gesellschaften. Zugleich nahm die Toleranz im Hinblick auf das zu, was das Meinungsspektrum als zulässige Sichtweise oder Weltanschauung akzeptierte, selbst wenn diese Meinung von vielen nicht geteilt wurde. Der letzte Toleranzsprung, ursprünglich von der FDP und dann stärker noch von den Grünen propagiert, betraf die sexuelle Orientierung und das sexuelle Selbstverständnis. Jeder Mensch soll nicht nur verständlicherweise vor jeder sexuellen Diskriminierung geschützt werden, sondern, etwas weniger selbstverständlich, auch sexuell proportional in

Institutionen, bei Ämtervergaben, politischer Repräsentation etc. vertreten sein.

Die damit verbundene gesellschaftliche Kraftanstrengung im Namen von Gleichberechtigung und Toleranz ist enorm. Doch selbst, wer all dies uneingeschränkt begrüßt, kann nicht übersehen, dass der Toleranzdiskurs im Namen von Wokeness und LGBTQ+ unsere Gesellschaft nicht schlichtweg toleranter, sondern zugleich auch intoleranter gemacht hat. Denn tolerant gegenüber Menschen zu sein, die die neue Toleranzforderung mit all ihren Konsequenzen kritisch sehen, kann, ihrem Selbstverständnis nach, niemand von den Toleranzstreitern erwarten. Der neue Toleranzsprung wird also mit einer Haltung der Intoleranz gegenüber Intoleranten erkauft, mit den bekannten gesellschaftlichen Folgen einer Cancel-Culture, die Andersdenkende ausgrenzt. Am Ende steht eine neue gesellschaftliche Feindschaft zwischen den kompromisslosen sexuellen Toleranzanwälten und ihren erbosten Kritikern.

Gerade in diesem Zusammenhang verdient die verteidigungspolitische Volte der Grünen hin zu einer innenpolitischen Nulltoleranz gegenüber (ausgewählten) Autokraten besondere Aufmerksamkeit. Denn die gleiche Intoleranz, die die Partei innenpolitisch in der Genderdebatte zeigt, bestimmt auch die Handschrift der bisherigen wertegeleiteten Außenpolitik. So soll die

Welt offensichtlich genauso durch westliche Werte moralisch besser gemacht werden wie Deutschland durch eine identitätspolitisch gefärbte Genderpolitik. Und scheitert die zweite derzeit so überdeutlich an Gegensätzen wie konservativ und progressiv, Land und Großstadt, also an den Unterschieden identitätsstiftender Milieus – um wie viel mehr muss scheitern, wenn deutsche Politikerinnen und Politiker glauben, den Menschen völlig anderer Kulturkreise, in Afghanistan, China oder dem Mittleren Osten, deren als rückständig und falsch verurteilte Wertevorstellungen vorhalten zu können?

Der so wichtige Toleranzgedanke wird so weder ausgeweitet noch zu einem Sieg geführt. Denn jede auf solche Weise vorgetragene Toleranzforderung liefert ihre Intoleranz gleich mit. Auch dem hartnäckigsten Verfechter »westlicher« Werte müsste doch auffallen, welcher frappierende Widerspruch hier im Raum steht: Dass man innenpolitisch die größtmögliche Akzeptanz für Diversität verlangt, während man außenpolitisch von einer westlich geprägten Einheitszivilisation träumt, die möglichst wenig Diversität an alternativen Lebensvorstellungen zulassen will.

Historiker sehen schnell, dass sich hier ein traditionelles Muster genau herumdreht: Autoritäre Regierungen in Europa, im Regelfall Monarchien, verlangten stets eine größtmögliche Homogenität im Inneren, nämlich die loyale und konforme Unterordnung unter einen Herrscher und dessen Religion. Dagegen war den Herrschern der innenpolitische Zuschnitt von Staaten anderer Kulturkreise meist völlig egal. Heute dagegen erreicht die Diversitätsforderung im Inneren, vor allem bei den Grünen, ein neues Maximum, während die Toleranz für außenpolitische Diversität, zumindest ausgewählt, wie im Falle der Haltung gegenüber China, auf ein neues Minimum fällt.

Dass wohl sämtliche Vertreter der Grünen und ihre Wähler das selbst nicht so sehen, liegt auf der Hand. Ihre Forderung nach westlichen Werten soll ja gerade der größeren Vielfalt und Freiheit in den kritisierten Ländern dienen. Doch das ändert nichts daran, dass diese hehren Werte offensichtlich durch Fremdeinmischung ertrotzt werden sollen, die dem Nichteinmischungsgebot des Völkerrechts widerspricht. Und dass es ein westliches Land, wie Deutschland, sein soll, das die Prioritätenliste für das festlegt, was überall in der Welt das bestmögliche Leben sein soll – im Zweifelsfall eine Kopie des eigenen Gesellschaftsmodells. Dass dieser Missionseifer oft naiv und blind für die tatsächlichen Macht- und Marktinteressen ist, ließ sich sehr schön in Afghanistan beobachten. US-amerikanische Strategen rieben sich die Augen, dass auf Grünen-Parteitagen tatsächlich geglaubt wurde, die daran beteiligten NATO-Staaten schickten ihr Militär an den Hindukusch und investierten mehr als eine Billion US-Dollar, um Frauenrechte zu verteidigen und Mädchen sicher in die Schulen zu schicken.[87]

Auf diese Weise lernten die, gegen die die Friedens- und Umweltpartei einst gegründet wurde, wie man auf der Klaviatur der Grünen spielen muss. Denn einer Partei, die seit ihrer Gründung ihr Selbstwertgefühl aus moralischer Reinheit und Überlegenheit speist, lässt sich leicht schmeicheln: Man muss eben nur dieses Gefühl bedienen. Keiner anderen Partei ist es so wichtig, »die Guten« zu sein. Und wer Robin Hood in einer Welt aus Finsterlingen und Frauenverächtern spielt, ist immer die oder der Gute. Der CDU und der SPD haben ihre Zuchtmeister der Vergangenheit jedes Bedürfnis nach Heroischem ausgetrieben. Sie sind heute ganz bewusst postheroische Parteien. Und die FDP wollte ohnehin nur stets smart und clever sein, aber nie den Helden spielen. Die Grünen hingegen sind als einzige Partei jene des Pathos geblieben.

Versucht man das Motiv dafür zu verstehen, so lässt sich neben den persönlichen Karriereinteressen des Führungspersonals auch ein psychologischer Grund finden. Wer die Frage der Umweltzerstörung und der Vernichtung der Lebensgrundlagen durch unsere

Art und Weise zu wirtschaften in den Mittelpunkt seiner politischen Agenda stellt, kommt kaum umhin, Deutschland als wesentlichen Teil des Problems mithin für »schlecht« zu halten. Und genauso hat die grüne Umweltbewegung seit ihren Ursprüngen in den späten Siebzigerjahren auch immer argumentiert: Unsere Regierung unternimmt nichts oder viel zu wenig für den Erhalt der Umwelt! Inzwischen allerdings sind die Grünen selbst schon lange Teil von Landes- und Bundesregierungen geworden und somit mitverantwortlich dafür, dass alles, was die Politik bisher getan hat, um die Umweltzerstörung und die Klimakatastrophe zu verhindern, viel zu wenig ist. Bedauerlicherweise ist nun (jenseits des Gezänks mit den eigenen Koalitionspartnern) niemand mehr da, auf den man mit dem Finger zeigen kann. Ist es da abwegig, zu vermuten, dass das Bedürfnis, sich durch den Fingerzeig auf andere selbst für gut halten zu können, neue Wege gesucht hat, nämlich die Außenpolitik? Denn je weniger die Grünen die moralische Lufthoheit in Deutschland haben, je weniger sich der Traum, die Taktgeber der neuen bürgerlichen Mehrheit zu sein, verwirklichen lässt, desto hochtrabender benehmen sie sich auf dem internationalen Parkett. Das Brandmarken von (ausgewählten) Autokratien und Diktatoren macht einen jedenfalls im Handumdrehen wieder zu den Guten in der Welt. Je mehr wir über die anderen reden und ihre Herrschaftsformen und Herrschaftspraktiken geißeln, umso unsichtbarer wird unsere eigene Rolle bei der Zerstörung der Lebenschancen heutiger und künftiger Generationen auf dem ganzen Globus.

Kaum jemand wird behaupten, dass diese mutmaßliche Verdrängung und die Verlagerung explizit oder gar strategisch geschehen. Und sehr vielen Grünen-Wählern dürfte sie auch gar nicht bewusst sein, vielleicht nicht mal den auf diese Weise agierenden Politikern selbst. Wer horcht schon beim Gebrauch von Moral in sich hinein und ergründet dabei seine eigene Bedürfnisstruktur? Und wer kennt all die Gründe für seine nicht logischen Präferenzen?

Es kann deshalb nicht schaden, sich die Fallstricke des gegenwärtig praktizierten außenpolitischen Moralismus – des äußerst unklugen Umgangs mit Moral – noch einmal in allen Punkten vor Augen zu führen: Da ist erstens die gerade genannte gefühlsechte Illusion gegenüber Ländern anderer Kulturkreise, die Guten zu sein, die nur um den Preis eines Selbstmissverständnisses und der Verdrängung der eigenen Geschichte sowie des eigenen ökologischen Sündenregisters zu haben ist. Nur wer hierfür einen moralischen Nullpunkt konstruiert, der die Geschichte völlig zum Verschwinden bringt, kann holzschnittartig und wie aus der Zeit gefallen die guten Demokraten den bösen Autokraten gegenüberstellen. Dabei muss zweitens übersehen werden, dass jene Werte, die wir so unverfroren »unsere« nennen, uns nicht gehören. Unsere Verfassungen, in denen diese Werte stehen, sind keine Besitzurkunden. Man ist immer genauso werthaltig und moralisch wie das, was man zu Hause wie im Ausland praktiziert. Insofern dürfte sich ein allzu paternalistischer oder gouvernantenhafter Umgang mit Werten verbieten. Die gegenwärtige Erosion der liberalen Werte in vielen westlichen Industrieländern spricht leider eine allzu deutliche Sprache. Man denke nur an die Rassenkonflikte in den USA oder an die antiliberalen Tendenzen in Ungarn, den Niederlanden, in Frankreich und Polen, gar nicht zu reden von der Türkei, die per NATO-Definition ebenfalls zum Westen gehört.

Der dritte Einwand gegen jede identitätspolitisch gefärbte wertegeleitete Außenpolitik betrifft die in ihr zum Ausdruck gebrachte Wertehierarchie. Man lausche hier den Worten von Subrahmanyam Jaishankar, die diesem Essay vorangestellt sind. Andere Länder haben ganz offensichtlich größere Probleme als Fragen der Pressefreiheit oder der Gewaltenteilung. Beides sind ohne Zweifel hohe Güter. Aber wo es, wie im globalen Süden, oft genug um das nackte Überleben geht, um durch Klimaveränderung bedingte Kriege und Bürgerkriege, um Gesellschaften ohne demokratische Tradition, um das Verhindern von Stammesfehden oder um Aufholgesellschaften, gibt es hinreichend andere Sorgen als das, was dem Liberalismus in den reichen westlichen Gesellschaften wichtig ist. Und es sei noch einmal daran erinnert, dass auch in den westlichen Industriegesellschaften erst 100 bis fast 200 Jahre später wirklich für alle realisiert wurde, was 1789 als Menschenrechte proklamiert worden war. Und so dürfte schnell ersichtlich sein, dass die vollständige Gleichstellung der Frau in allen Gesellschaften zwar ein überaus wichtiges und hehres Ziel ist, dass eine sich »feministisch« nennende Außenpolitik aber gleichwohl sehr schnell an ihre Grenzen kommen muss. Von außen nämlich lässt sich die Gleichstellung der Frauen in einer Gesellschaft am schlechtesten erzwingen. Und wir sollten auch nicht vergessen, wie jung und neu die feministisch aufgeklärte Kultur selbst in Deutschland ist. Man denke hier nur stellvertretend an die evangelische Kirche in Deutschland, die sich zwar seit einiger Zeit für Frauenrechte einsetzt, aber noch vor 60 Jahren keine Frauen im Pfarramt zugelassen hat. Trotzdem fühlt nicht nur sie sich so, als lägen ihr die Rechte der Frauen in der DNA.[88]

Was gerne unter den Tisch fällt, wenn bislang von wertegeleiteter Außenpolitik die Rede ist, ist viertens der Konflikt von Werten untereinander. So etwa geraten die Werte des Individualismus und der Solidarität oft schnell in Widerstreit, und was das richtige Mischungsverhältnis oder die richtige Balance ist, darüber gibt es ungezählte Ansichten. Gerade Unionspolitiker, die mitunter nicht müde werden, den chinesischen Kollektivismus zu geißeln, betrauern gleichzeitig den Gemeinwohlverlust oder den Mangel an Pflichtgefühl in Deutschland. Und wenn die Werte des Wohlstands und der Nachhaltigkeit aneinandergeraten oder jene der Freiheit und der Sicherheit (wie in der Covid-19-Pandemie), gibt es in etwa so viele persönliche Wertentscheidungen wie wahlberechtigte Bürger in Deutschland. Werte geben also nicht unweigerlich verbindliche Hierarchien vor und auch keine entsprechenden Handlungsanleitungen, und das gilt ebenso für die Außenpolitik.

Besonders brisant wird es vor allem dann, wenn Staaten gegen ihre eigenen Wertvorstellungen verstoßen, um andere Wertvorstellungen durchzusetzen. Das gilt insbesondere für Interventionskriege. Wann eine Intervention rechtens ist oder nicht, entscheidet die UNO ganz eindeutig. Militärschläge gegen andere Länder sind nur dann zulässig, wenn man selbst oder ein Verbündeter angegriffen worden ist oder man einem solchen Angriff zuvorkommt. Dazu kommt als einzige

Ausnahme die von Kofi Annan initiierte Schutzverantwortung (Responsibility to Protect), die von der UNO-Generalversammlung 2005 beschlossen wurde. Sie gibt in Artikel 42 der UNO-Charta dem UN-Sicherheitsrat das Recht, militärische Gewalt dann zu autorisieren, wenn schwere Verbrechen begangen werden und alle zivilen Maßnahmen dagegen unzulänglich sind. So kann der Sicherheitsrat »mit Luft-, See- oder Landstreitkräften die zur Wahrung oder Wiederherstellung des Weltfriedens und der internationalen Sicherheit erforderlichen Maßnahmen durchführen. Sie können Demonstrationen, Blockaden und sonstige Einsätze der Luft-, See- oder Landstreitkräfte von Mitgliedern der Vereinten Nationen einschließen«.[89] Zu solchen autorisierten Interventionen im Namen der Schutzverantwortung gehören sowohl der Militäreinsatz in Libyen als auch jener in der Elfenbeinküste.

Was ein gerechter Interventionskrieg im Namen der Menschenrechte ist, ist also von der UNO klar und eindeutig geregelt und somit auch jeder nationalstaatlichen Willkür entzogen. Gleichwohl ist es bis heute nicht gelungen, die Vereinten Nationen in jene Position zu bringen, die sie beim Thema Interventionskriege haben müssten, nämlich die, dass einzig und allein die UNO darüber entscheidet, ob ein solcher Krieg oder Militärschlag gerechtfertigt ist. Der politische Wille dazu, sich in der Frage von Interventionskriegen den Vereinten Nationen unterzuordnen, scheitert in den Reihen der westlichen Industriestaaten nicht nur an den Vereinigten Staaten, sondern auch an den Europäern, die sich, so scheint es, mit der bestehenden Praxis abgefunden haben. So entscheiden eben vielfach die USA und die Europäer, was Sanktionen oder eine Intervention ihres Erachtens rechtfertigt und was nicht, und nicht die UNO. Doch wer ohne eine entsprechende Zustimmung des Sicherheitsrats willkürlich darüber entscheidet, wo im (oft vorgeschobenen) Namen von Menschenrechten interveniert wird, der instrumentalisiert diese auf unzulängliche Weise und erweist der Sache der Menschenrechte einen Bärendienst. Denn wer anders sollte über die universal gültigen Menschenrechte entscheiden als die institutionelle Vertretung aller Staaten, also mithin der Menschheit?

Wir kommen damit zu einem fünften Einwand gegen das, was im Namen westlicher Werte bislang eine wertegeleitete Außenpolitik sein soll. Ihr rhetorischer Aufmarsch wird fast immer damit begründet, dass man bestimmten Staaten den Verstoß gegen bestimmte Werte »nicht durchgehen lassen« kann. Was bei Russland richtig und naheliegend ist – ein völkerrechtswidriger Angriffskrieg muss unbedingt angeprangert und sanktioniert werden –, wird dann schwieriger, wenn es um die Innenpolitik von Staaten geht. Zwar wurde auf der Wiener Weltmenschenrechtskonferenz 1993 der Menschenrechtsschutz aus guten Gründen als legitimes Ziel internationaler Politik anerkannt. Doch sagt dies noch nichts darüber aus, auf welche Weise dieser Menschenrechtsschutz bestmöglich erreicht werden kann. Der Begriff »westliche Werte« jedenfalls dürfte hier überhaupt nicht hilfreich sein. Schon schwierig genug, ganz ohne das Reizwort »westlich« anderen Staaten ihre Menschenrechtsverstöße vorzuhalten. Die Anklage Chinas wegen der Unterdrückung politisch Andersdenkender oder der Uiguren ist leider überhaupt keine Erfolgsgeschichte. Dieser Punkt dürfte auch jene überzeugen, denen das WIR-gegen-DIE-Schema politischen Halt gibt oder trotz aller Einwände irgendwie evident ist. Wozu etwas tun, was nur eine mangelnde Erfolgsaussicht hat? Moralisieren kann man vielleicht seine eigenen Kinder, aber schon nicht einmal mehr diejenigen anderer Leute. Wie sollte man es dann mit ganzen Staaten tun können? Moralisierende Anklagen gegen staatliche Systeme sind leider meist nicht mehr als der Versuch, mit der Luftpumpe die Windrichtung zu ändern. Die naheliegendste Folge, die damit erreicht werden kann, sind Unmut und Verhärtung. Doch warum tut man es dann?

Die Gemaßregelten, so viel steht fest, sehen in »westlichen Werten« mitunter nicht zu Unrecht westliche Interessen und kein humanistisches Anliegen. Das Mittel der Maßregelung überwuchert dadurch schnell den humanistischen Zweck. Resultat ist dann nicht ein positives Ergebnis, sondern eine gesinnungsethische Überanstrengung, die blind wird für ihre Erfolgsaussichten. Konsequenzialismus ohne Gesinnung mag leer sein, aber Gesinnungsethik ohne Reflexion auf ihre Konsequenzen ist blind.

Werte lassen sich also sechstens nicht implementieren wie ein neues Computerprogramm. Um irgendwo in der Welt erfolgreich für Werte zu werben, muss dort zunächst das Bedürfnis nach diesen Werten vorhanden sein. Und es erstaunt, mit welcher Fraglosigkeit sowohl Fukuyama als auch Acemoglu und Robinson vorausgesetzt haben, dass dieses Bedürfnis nach den Werten liberaler westlicher Gesellschaften überall auf dem Globus mehrheitlich vorhanden ist. Zwar darf man annehmen, dass der Wunsch nach Entfaltung und materiellem Auskommen universal ist – wohl niemand möchte eingesperrt sein, willkürlich getötet werden, in Kriegen sterben, hungern, frieren und ohne Lebensperspektive für sich und die Seinen leben –, die Frage, wie genau eine Gemeinschaft oder Gesellschaft organisiert sein soll, ist damit aber noch lange nicht nach dem Schema der westlichen Industriegesellschaften beantwortet. Und die Geschichte aller Zivilisationen belegt eindrucksvoll, dass in der Wertehierarchie erst das Fressen kommt und dann die Moral, also erst der wirtschaftliche Erfolg und dann die feinsinnige Kultivierung von Werten. Das war in den westlichen Industriegesellschaften des 18. und 19. Jahrhunderts so, und das ist auch heute so in vielen Teilen der Welt.

Anderen Kulturen »westliche Werte« vorzuhalten, ist also ziemlich problematisch. Doch statt einer gründlichen Reflexion auf Inkonsistenzen und Gefahren des Scheiterns werden die Anstrengungen heute in dem gleichen Maße erhöht, wie die Erfolgsaussichten unwahrscheinlicher werden. Solch ein Verhärtungsmechanismus, der hier als siebter Punkt dazukommt, ist nicht ungewöhnlich, sondern leider typisch. Je größer der Widerstand wird, umso mehr verstärken viele Menschen ihre Bemühung, das immer Unwahrscheinlichere erreichen zu wollen. Und da starke Werte zumeist mit starken Emotionen einhergehen, verengen sie das Sehfeld und die Toleranz. Der Trotz nimmt zu, und die Scheuklappen werden dunkler. Doch je trotziger ich von meinen Werten überzeugt bin, umso größer wird die Gefahr, sie in ihrer Durchsetzbarkeit zu überschätzen. In diesem Sinne lässt sich hier von einer moralischen Kippfigur sprechen. Moral, wie gut auch immer sie gemeint sein mag, schlägt durch Rigorosität leicht in Unmoral um.

Dagegen könnte man eigentlich darauf vertrauen, dass, wenn Werte tatsächlich überlegen sein sollen, ihre Überzeugungskraft sie ohnehin auf lange Sicht durchsetzt. Man muss dann fragen, woher die Eile kommt, mit der das, was bislang unter wertegeleiteter Außenpolitik nach der Vorlage westlicher Werte verstanden worden ist, jetzt so schnell überall in der Welt durchgesetzt werden soll. Haben Fukuyama und Acemoglu und Robinson recht, dann ist es doch ohnehin nur eine Frage der Zeit, bis das moralisch und ökonomisch erfolgreichste Modell aller Zeiten, die liberalen Demokratien nach westlichem Muster, sich überall, gleichsam naturgesetzlich, durchsetzen. Ein Grund, dem durch offensive Wertepolitik nachzuhelfen, bestünde demnach nicht. Und Übereifer kann hier im Zweifelsfall eher viel zerstören, als zum Guten wenden.

Die Eile und die Ungeduld haben deshalb wohl eher innenpolitische Motive. Der Zeitgeist der am Hyperkonsum geschulten westlichen Industriegesellschaften will, dass das, was als begehrenswert erkannt ist, sofort umgesetzt werden soll. Ich will alles, und zwar sofort! Das neueste Smartphone, eine neue Sprache (Gendern) und eben auch eine gerechte Weltordnung nach westlichem Gusto. Wer keinen Bedürfnisaufschub kennt, kennt ihn auch nicht in der Moral. China muss ebenso *sofort* demokratisch werden wie die Ernährung *sofort* auf vegetarisch oder vegan umgestellt werden muss. Moralisch als richtig Erkanntes lässt in Hyperkonsumgesellschaften wie den unseren offensichtlich keine langen Wege zu.

Die »Ethik der Sofortness« kennt keine Taktik, keine Strategie und keine Erfolgsaussicht, sondern sie verdankt sich allein dem Gegenwartsdiktat. Auf der einen Seite schwindet in den Industriegesellschaften des 21. Jahrhunderts in erschreckendem Maße das Bewusstsein für die eigene Geschichte. Und auf der anderen Seite weiß man sich nichts anderes mehr unter der Zukunft vorzustellen, als eine positiv verlängerte und unendlich verbreitete Gegenwart. Dem »Ich« der individualistischen Selbstverwirklichung entspricht der Modus des »Jetzt«. Und wer auf diese Weise den Sinn für reale Entwicklungsprozesse mit all ihren Irrungen und Wirrungen verliert, der neigt auf ziemlich kindliche Weise dazu, keinen Aufschub zu dulden, ist ungeduldig und zunehmend ungehalten. Warum schreitet die Welt nicht im Gleichklang mit dem eigenen Lebensgefühl und Wertebewusstsein voran?

Das Fazit ist leicht formuliert: Was zuletzt unter wertegeleiteter Außenpolitik verstanden wurde, ist wenig hilfreich. Es ist durchsetzt von Missverständnissen wie von Selbstmissverständnissen und hat bedauerlicherweise mehr mit Identitätspolitik zu tun als mit einem wohlverstandenen moralischen Universalismus. Jedwede Form eines WIR-gegen-DIE-Denkens tut der Sache der Menschenrechte einen schlechten Dienst. Es negiert im Ansatz, was es in der Sache so gerne durchsetzen möchte. Am Ende dürfte das bisher Propagierte und Praktizierte nur eine einzige positive Folge gezeitigt haben: der eigenen Gefolgschaft zu versichern, dass man gut ist und zu den Guten gehört. Allerdings gehört nicht allzu viel dazu. Ohne den Anspruch, zu den Guten zu gehören, ist noch kein politischer Führer ausgekommen, nicht einmal die niederträchtigsten.

Es bleibt wenig Zweifel: Die bisherige Außenpolitik im Namen von »westlichen Werten« zeitigt deutlich mehr negative Folgen als positive. Und jedes Moralisieren in der bisherigen Weise hält einer Zweck-Mittel-Überprüfung nicht stand. Insofern kommen wir nicht umhin, ganz neu über eine wertegeleitete Außenpolitik nachzudenken. Wie könnte sie aussehen, und nach welchem Kompass soll sie sich richten?

XIII.

Werte verteidigen im 21. Jahrhundert

Muss das 21. Jahrhundert zum Schlachtfeld der Ideologien und Kriege werden, wie es das 20. Jahrhundert war? Und lässt sich aus den fürchterlichen Verheerungen des vergangenen Jahrhunderts so wenig lernen, dass man heute dabei ist, die Fehler zu wiederholen?

Wer dies bejaht, offenbart damit zugleich sein Menschenbild und einen Geschichtsfatalismus, der besagt, dass es, solange es Menschen und Mächte gibt, auch Kriege geben muss. Er bestreitet damit implizit jede Möglichkeit des Menschheitsfortschritts, der seit der Aufklärung ein festes Repertoire-Element liberal-demokratischer Gesellschaften ist: zu glauben und darauf hinzuarbeiten, dass ein friedliches Auskommen möglichst aller Menschen denkbar wird.

Was derzeit zur Debatte steht, die Frage, wie die USA und Europa damit umgehen, dass sie nach und nach ihre Hegemonialstellung in der Welt verlieren, ist also nicht zuletzt eine Frage des Menschenbilds und der Geschichtsphilosophie. Fatalismus und Optimismus treffen hier hart aufeinander. Für die Fatalisten ist die Geschichte eine Geschichte von unausweichlichen Machtkämpfen, die mit allen Mitteln der Kriegsführung, darunter zunehmend der kognitiven, geführt und gewonnen werden müssen. Toleranz ist Schwäche, entsprechend der Maxime, dass die anderen sie unweigerlich ausnutzen werden. Und eine friedliche Umbildung der Weltordnung ist damit ausgeschlossen. Die oberste Regel lautet: Mit allen Mitteln zu verhindern, oder realistischer: hinauszuzögern, dass die Weltordnung des 21. Jahrhunderts multipolar wird. Nach dieser Logik denkt der, der die multipolare Weltordnung für unausweichlich hält, anti westlich, ja, die ganze Entwicklung hin zu einer multipolaren Weltordnung sei ein »antiwestliches Projekt – gegen universale Werte und das internationale Recht«.[90] Die im Kalten Krieg geschulte Geisteshaltung des Fatalisten nimmt die Welt weiterhin in einem unverrückbaren binären Schema wahr: Entweder man zieht mit den NATO-Staaten rhetorisch zu Felde oder man ist antiwestlich.

Während die Fatalisten fest glauben, dass etwas, das immer schon so gewesen sein soll, unweigerlich so bleiben muss, vertrauen die Optimisten auf den Menschheitsfortschritt. Ist die Weltgeschichte tatsächlich nur die Wiederkehr des Gleichen? Leben nicht heute prozentual sehr viel mehr Menschen auf der Welt in menschenwürdigeren Verhältnissen als je zuvor in der Geschichte, zumindest seit der Jungsteinzeit? Haben wir heute, wie der US-amerikanisch-kanadische Psychologe Stephen Pinker betont, trotz aller Kriege, die es noch immer gibt, nicht prozentual viel weniger Menschen auf der Welt, die in Schlachten oder aus anderen Gründen eines gewaltsamen Todes sterben müssen?[91] Und könnte es nicht sein, dass der US-Politologe Andrew Moravcsik recht hat, wenn er sagt: »Historisch gesehen leben wir strukturell in relativ guten Zeiten. Faktoren wie Nationalismus sind bei Weitem nicht so stark wie früher. Im Gegenteil, der weltweite Handel hat zugenommen, und seine Unterbrechung durch Konflikte ist kostspielig.«[92]

Auch wenn weder Pinker noch Moravcsik die Bedrohung der Klimakatastrophe hinreichend ernst zu nehmen scheinen und der Nationalismus ihnen vielleicht zu wenig Angst macht, so lässt sich mit ihnen zumindest auf das halb volle Glas blicken. Man braucht, um dem menschheitsgeschichtlichen Optimismus das Wort zu reden, jedenfalls nicht unbedingt auf Fukuyama zurückzugreifen. Eine Alternative dazu bietet vor allem die Geschichtsphilosophie Collingwoods. Für den Oxford-Philosophen war der Liberalismus keine Weltanschauung, sondern ein Synonym für Selbstzivilisierung und gelebte Ethik.[93] Denn je weiter der Liberalismus historisch voranschritt, umso ethisch sensibler sei er geworden für die Belange und Rechte der Menschen. Insofern ist die liberale Kultur ein Dokument des geistigen Lernprozesses, der seinen Niederschlag in liberalen und demokratischen Institutionen gefunden habe.

Liberal zu sein oder zu werden, bedeutet demnach nicht, einer bestimmten weltanschaulichen Tradition zu folgen. Sondern jede Zivilisation sei und werde in genau dem Maße liberal, wie sie sich ethisch sensibilisiert. Seinen unmittelbarsten Ausdruck findet der Liberalismus in einer Kultur der *civility*. Was den Liberalismus adelt, ist seine *Kultur der Höflichkeit*. Collingwoods liberale Ethik ist eine Ethik der Achtsamkeit, nicht eine Ethik absoluter moralischer Grundsätze wie etwa jenen der Gerechtigkeit, der Pflichten, der Tugend oder der Fairness. Auf diese Weise verbindet Collingwood den Liberalismus untrennbar mit dem, was seit den Achtzigerjahren in den USA als Kommunitarismus bekannt wird – die Einbettung ethischer Grundsätze in ein ganz konkretes praktisches Gemeinschaftsleben. Während der Liberalismus und der Kommunitarismus heute gerne als Gegensätze gesehen werden, sah Collingwood beides als organisch ineinander verschmolzen an. Nur unmittelbar praktizierte Grundsätze sind für ihn überhaupt Grundsätze, allgemeine Prinzipien hingegen nur so wertvoll wie der Gebrauch, der von ihnen gemacht wird.

Collingwoods welthistorischer Optimismus war nicht der Idealismus eines Träumers. Der große Philosoph des Liberalismus schrieb sein Buch über Ethik und Politik im Angesicht des Aufstiegs von Faschismus und Nationalsozialismus – also Weltanschauungen der Desensibilisierung und des radikalen Antihumanismus. Aber er erkannte sie früh als nicht zukunftsfähig, und die Geschichte gibt ihm recht. Anders als Fukuyama, der glauben wollte, dass der europäische Liberalismus überall kopiert würde, setzte Collingwood auf ein allgemeines Muster unabhängig von der europäischen Tradition. Selbstzivilisierung ist Liberalismus, wo auch immer in der Welt sie sich ereignet, sie muss nicht westlich sein.

Eine neue wertegeleitete Außenpolitik auf der Grundlage von der UNO festgelegter universeller und nicht etwa westlicher Werte kann dem collingwoodschen Liberalismus viel abgewinnen. Sie behielte den langfristigen Selbstzivilisierungsprozess von Gesellschaften als offenen Horizont und würde darauf achten, dass er sich nicht völlig verfinstert. Die neue wertegeleitete Außenpolitik wäre sorgsam darauf bedacht, die Fronten nicht zu verhärten, um keine Abwehrreaktionen hervorzurufen, die, statt Selbstzivilisierung zu fördern, Verrohung und brutale Herrschaft nur noch bestärken. Man denke hier nur an die Rückkehr der Taliban in Afghanistan.

Eine neue wertegeleitete Außenpolitik stemmt sich gegen den Fatalismus. Rhetorische Zuspitzung, die die Welt konsequent in Schwarz und Weiß einteilt, wäre ihr fremd. Sie stellt sich gegen das harte Freund-Feind-Denken im WIR gegen DIE, und ihre Entschlossenheit wäre jene zum Fortschritt durch Abstimmung, Koordination und Zusammenarbeit. Dabei verzichtet sie auf das *geopolitische Sandkastenspiel*, wonach es immer an *denen* und nie an *uns* liegt, dass die Welt kein besserer Ort ist. Dieses Spiel ist vermutlich so alt wie die Geschichte der Menschheit. Denn nichts anderes wird man in China über die USA und zunehmend auch über die EU-Staaten zu hören bekommen. Jeder ist selbst der Gute und die anderen die Bösen. Auf diese Weise kommen nicht nur keine Ehe und kein Freundschaftskonflikt weiter, sondern erst recht nicht die Welt.

In einer Zeit, in der die Länder der Welt jedes Jahr 2,2 Billionen US-Dollar für ihre Rüstung ausgeben, Tendenz stark steigend, wäre also zunächst eine ideologische Abrüstung vonnöten. Ist das Spiel, das zu immer mehr Waffen führt, nicht längst durchschaut? Ließe sich nicht all dies vermeiden, weil es dabei gar nicht um Gut und Böse geht, sondern um mitunter konträre

Interessen, die auch auf anderem Wege verhandelt werden können? Und gibt es nicht ein Menschheitsinteresse, das viel schwerer wiegt als jene Interessen, die derzeit die Rüstungsspirale sich höher und höher winden lassen? Das Interesse nämlich am Überleben der Menschen auf einem für viele zunehmend unbewohnbareren Planeten? Und wäre es nicht vor allem dieser nicht westliche, sondern globale Wert, der die höchsten Anstrengungen verdient, weit mehr als alle anderen?

Der Anfang dieses Essays hatte die Frage aufgeworfen, woran Nationen und Zivilisationen scheitern. Unrealistische Selbsteinschätzung und Naturvergessenheit sind, wie Diamond betont hat, wichtige Elemente dazu. In diesem Licht erscheinen die schwindelerregenden Rüstungsausgaben tatsächlich als die Moai der Osterinsulaner, als die folgenschweren Fehlinvestitionen einer vom Untergang bedrohten Zivilisation im 21. Jahrhundert. Während die drohende Umwelt- und Klimakatastrophe das Überleben vieler Menschen im globalen Süden mehr und mehr infrage stellt, treiben die Großmächte der Welt die Rüstung voran mit all den fast nie erwähnten Schäden für das Klima. Im Jahr 2019 errechnete die University of Lancaster, dass kein industrieller Komplex für sich genommen so viel Öl verbrennt und CO_2 freisetzt wie das US-amerikanische Militär, das zudem allein 40 Prozent aller weltweiten

Rüstungsausgaben verschlingt.[94] Und bereits 2021, also vor dem Krieg in der Ukraine, hat das NATO-Militär insgesamt fast 200 Millionen Tonnen CO_2 in die Luft geblasen, für 2023 gehen Wissenschaftler von 226 Millionen Tonnen aus. Sollten alle NATO-Mitglieder ihr Zwei-Prozent-Ziel beim Wehretat erreichen, so würde dies von 2021 bis 2028 einen Ausstoß von insgesamt zwei Milliarden Tonnen CO_2 bedeuten, in etwa das Dreifache dessen, was Deutschland insgesamt im Jahr emittiert.[95] Rüstungsproduktion ist damit um so vieles klimaschädlicher, als aller ziviler Luftverkehr und alle Kreuzfahrtschiffe der Welt je anrichten könnten. Ein Wahnsinn, der seine Legitimität nicht zuletzt aus dem in diesem Buch ausführlich vorgestellten Narrativ verdankt, dass sich die USA und Europa gegen den bösen Rest der Welt mit Billionensummen verteidigen müssen und dass dieser Weg schlichtweg alternativlos sei.

Ohne eine neue mutige Politik besteht die Gefahr, dass wir ein weiteres Mal in der Geschichte das naheliegende Falsche tun und dessen langfristige dramatische Folgen nicht überschauen. Wir setzen auf Härte und Entschlossenheit in einer Zeit, die diese militärische Konfrontation schon aus ökologischen Gründen gar nicht mehr zulassen kann. Und wir verlieren dabei zunehmend das große Ganze, die Schicksalsgemeinschaft der Menschen im 21. Jahrhundert, aus den Augen. So wundert es auch nicht, dass der brasilianische Präsident Luiz Inácio Lula da Silva die milliardenschweren Waffenlieferungen an die Ukraine dadurch kritisiert, dass er sie in einen globalen Kontext setzt. Es sei, so erklärte er vor der UN »viel in Waffen und wenig in Entwicklung investiert worden«.[96] Denn was tun die westlichen Industrieländer gegen den Hungertod vieler Millionen Menschen im globalen Süden? Und was sind sie bereit, für die Ukraine zu tun? In gleichem Sinne kritisiert Cyril Ramaphosa, »dass wir so viel Geld für Krieg ausgeben können, aber nicht Handlungen unterstützen können, die für die grundlegendsten Bedürfnisse von Milliarden von Menschen nötig sind«.[97]

Eine neue wertegeleitete Außenpolitik, die tatsächlich ihren Anspruch erfüllt, muss unweigerlich im Dienst des Lebens- und Überlebensinteresses der Menschen auf der Erde stehen. Und sie muss sich dabei am wertegeleiteten Umgang mit sich selbst bewähren. Eine ideale Richtschnur dafür bilden die Allgemeine Erklärung der Menschenrechte sowie die beiden Menschenrechtskonventionen der Vereinten Nationen. Jede größere Abweichung davon, die die Bewertung von Verbrechen wie Folter, Sklaverei oder Völkermord abhängig davon macht, *wer* sie begeht, ein befreundeter oder verfeindeter Staat, führt wertegeleitete Außenpolitik ad absurdum. Und es ist die Aufgabe jeder Bundesregierung, sorgsam darauf zu achten, mit welchem Land der Welt man welchen Handel treibt und was davon man im Sinne der Menschenrechte besser lassen sollte. Moral spielt hier durchaus eine große Rolle. Aber sie verzichtet darauf, im Gewand westlicher moralischer Überlegenheit daherzukommen. Die alte Strategie, den Menschen der Welt eine Freiheit nach westlichem Zuschnitt bringen zu wollen, hat sich als kontraproduktiv, weil erfolglos, erwiesen.

Wertegeleitet bedeutet eben nicht, immer wieder darauf zu insistieren, was uns zu den Guten oder moralisch Überlegenen machen soll. Ebenso kann es bedeuten, nach Gemeinsamem zu suchen. Vor allem aber bedeutet wertegeleitet zu handeln, nicht mit zweierlei Maß zu messen, weil dies jede Wertepolitik zwangsläufig unglaubwürdig macht und sich dem Vorwurf der Heuchelei ausliefert. Die bisherige wertegeleitete Außenpolitik besticht jedenfalls nicht durch einen für alle gleichen Maßstab. Dafür ist ihr Blick nicht neutral und unabhängig genug und auch viel zu selektiv.

Sollte die deutsche Außenpolitik ihren Anspruch ernst nehmen, wertegeleitet zu sein, so ist klar, welches ihre wichtigsten Werte sein müssten. Sie orientierte sich an einem universalistischen Humanismus, der jedem Menschen eine Würde zuspricht, egal welchen Geschlechts, welcher Ethnie, welcher Religion und Nation er angehört. Und sie sorgte sich darum, die wichtigsten Voraussetzungen dieser Würde zu erfüllen: um das Überleben, um den Zugang zu Wasser und Nahrungsmitteln, um saubere Luft und gesunde Lebensbedingungen. Die Krux dabei ist allerdings: Der größte Feind, den sie folgerichtig zu bekämpfen hätte, wäre der eigene Lebensstil, der Ressourcenverbrauch und die Fokussierung der westlichen Industriestaaten auf Erste-Welt-Probleme, die uns blind machen für die Nöte und Qualen des globalen Südens.

Bedauerlicherweise dürfte es schwer sein, viele Menschen im Auswärtigen Amt zu finden, die dies auch tatsächlich internalisiert haben. So habe ich vor der Bundestagswahl 2021 im Gespräch mit dem Journalisten und Podcaster Tilo Jung vorgeschlagen, das Auswärtige Amt zu transformieren in ein »Ministerium für internationale Zusammenarbeit«.[98] Ein Ministerium, das seit seiner Gründung in der Bismarck-Zeit sich um die Achse nationaler Interessen dreht, könnte so auf vorbildliche Weise modernisiert werden. Ein solches Ministerium würde nach wie vor deutsche Interessen vertreten, aber es richtete sie langfristiger aus und bettete sie ein in den globalen Kontext. Denn wo die Menschen keine Zeit mehr zu verlieren haben, ihr Überleben zu sichern, ist für Ideologien, Weltanschauungen und Vorbildfantasien jeglicher Couleur kein Platz mehr. Man wird sich stattdessen stärker dafür interessieren müssen, wie andere Länder sich selbst wahrnehmen und warum.

Der Kompass für eine wertegeleitete Außenpolitik wäre ein universalistischer Humanismus, der die Werte der Biodiversität, der gesunden Luft, des Klimas, der schonenden Ressourcennutzung, des Zugangs zu Nahrung und Wasser, zur Bildung und zur gesundheitlichen Versorgung über alle nachgeordneten Werte stellte. Man wird zu Recht darauf hinweisen, dass eine solche Werteorientierung im Umgang mit derzeitigen Kriegen wie jenen in der Ukraine, in Gaza, im Jemen oder im Sudan nicht weiterhilft. Das ist durchaus richtig. Keiner dieser Kriege verliert seinen Schrecken durch den Hinweis auf die drohende Selbstvernichtung der Menschheit im Zeichen der Klimakatastrophe. Der Auftrag, der daraus erwächst, ist eindeutig: Präventive Deeskalationspolitik ist ein unabdingbarer Bestandteil wertegeleiteter Außenpolitik und von globaler Verantwortungspolitik nicht zu trennen.

Beiträge zur Deeskalation zu leisten, ist eine Maxime, der die bundesdeutsche Außenpolitik über die längste Zeit ihrer Geschichte durchaus gefolgt ist und die sehr zum Ansehen Deutschlands in aller Welt beigetragen hat. Die Welt braucht Staaten, die gewichtig genug sind, um global als Vermittler aufzutreten, und denen jeder vertrauen kann. Ihr Fehlen wird derzeit im Ukraine-Krieg äußerst schmerzlich bemerkt. Dass Deutschland diese Spur verlassen hat, hinterlässt eine empfindliche Lücke für erfolgreiche Diplomatie. Gut möglich, dass über kurz oder lang die BRICS-Staaten in diese Lücke vorstoßen werden, wie sich derzeit wiederholt abzeichnet. Und ob wirklich Deutschland und die EU am Ende die Ukraine wiederaufbauen werden und nicht vielmehr China, scheint ebenfalls noch nicht ausgemacht.

Eine der vordringlichsten Aufgaben einer realistischen wertegeleiteten Außenpolitik müsste zukünftig wieder die Prävention sein, zumal Deutschland mit seinen Friedens- und Konfliktforschungsinstituten hier über viel ungenutztes Know-how verfügt. Vorausschauend darauf hinzuarbeiten, dass Konflikte gar nicht erst eskalieren und zu fürchterlichem Leid führen, ist eine überaus ehrenhafte Aufgabe. Und sie entspricht vollumfänglich den deutschen sowie den europäischen politischen, sicherheitspolitischen und nicht zuletzt wirtschaftlichen Interessen. Man stelle sich nur einmal vor, die Europäische Union, ihrem Selbstverständnis nach ein Friedensbündnis, geboren aus der Einsicht »Nie wieder Krieg!«, hätte nach dem Zusammenbruch der Sowjetunion, des Ostblocks und des Warschauer Pakts wesentlich aktiver auf eine europäische Sicherheitsarchitektur unter Einbezug Russlands hingearbeitet.

Man denke hier an die Analyse des US-amerikanischen Politologen Michael Doyle, von 2001 bis 2003 Assistent und Berater des UN-Generalsekretärs Kofi Annan, die frühen Neunzigerjahre seien eine Zeit der »verpassten Möglichkeiten« gewesen. Dabei schließt sich Doyle weitgehend dem Urteil des britischen Schriftstellers John le Carré an: Die richtige Macht hätte den Kalten Krieg verloren, aber die falsche habe ihn gewonnen.[99] »Le Carré hoffte auf einen Frieden ohne Sieger in einer neu geschaffenen internationalen Ordnung. Unglücklicherweise traten wir in eine Ära der Unipolarität der USA ein, gemischt mit Arroganz.«[100]

Das Scheitern einer neuen dauerhaft friedlichen Weltordnung, symbolisiert im Scheitern einer europäischen Sicherheitsarchitektur mit Einbezug Russlands, ist mit dem russischen Angriff auf die Ukraine endgültig manifest. Ebenso unübersehbar ist auch, dass die EU heute noch weit weniger eine eigenständige Rolle spielt, als sie es damals hätte tun können. Wie immer der Krieg in der Ukraine endet, Europa wird kaum Einfluss darauf nehmen können, eine künftige Nachkriegsordnung zu schaffen, die den Fehler der Vergangenheit nicht wiederholt. So überlässt die Europäische Union, letztlich ohne Not, das Feld den USA und China. Die bisherige wertegeleitete Außenpolitik bedeutet hier Selbstmarginalisierung, besonders auffällig in Deutschland, das, anders als etwa Frankreich, international inzwischen kaum mehr als eigene Stimme wahrgenommen wird. Man denke hier nur an die Rede des deutschen Bundeskanzlers Olaf Scholz in der UN-Generaldebatte im September 2023 – vor fast leeren Rängen.

Dabei könnte es ein so wichtiger Beitrag einer neuen wertegeleiteten Außenpolitik sein, künftig zu verhindern, dass die USA und Europa gegenüber China in eine solche fürchterliche und augenscheinlich ausweglose Situation geraten wie derzeit mit Russland. Denn noch ist der Weg in die sich immer weiter verschärfende Konfrontation der USA und Europas mit China nicht ausgemacht. Zum einen sind sich die Vereinigten Staaten, wie gezeigt, innenpolitisch in der China-Frage durchaus unsicher, und es gibt unterschiedliche Interessen und Stimmen. Zum anderen ist es für Abstand, Innehalten, Abwägen und Reflektieren nie zu spät, zumal aus einer Eskalation letztlich niemand einen dauerhaften Vorteil zieht. Sie zu verhindern, ist dagegen ein existenziell wichtiges Ziel, wobei man sich stets vor Augen führen sollte, dass der moralische Alleinvertretungsanspruch der westlichen Industrieländer und »ihrer« Werte eine, wie gezeigt, höchst abschreckende Wirkung auf viele andere Staaten hat. Denn es besteht die Gefahr, dass man, wie es der SPD-Politiker Martin Schulz formuliert, »mit einer zu einseitigen Linie ...

ausgerechnet jene Länder in die Arme von Putin oder Chinas Regime« treibt, »die wir eigentlich zu unseren Verbündeten machen müssen«. Insofern ergäbe es keinen Sinn, unsere spezifisch westlichen Moralmaßstäbe zur Grundlage unserer Außenpolitik zu machen.[101] Zu viel außenpolitische Identitätspolitik ist selbstzerstörerisch. Die Grammatiken des Scheiterns, die in diesem Essay aufgelistet wurden, sollten uns eine Warnung sein. Und sie sollten den Blick schärfen für die Fallstricke, in denen wir uns derzeit zu verfangen drohen, insbesondere den Gefahren der Einmischung in die Innenpolitik anderer Staaten und der narrativen Verengung, die unsere Sicht zum Tunnelblick verdüstert. Und wir sollten dies nicht zuletzt auch deshalb tun, weil eine solche Verengung dem lebendigen Geist unserer liberalen Demokratien zutiefst widerspricht.

XIV.

Das Jahrhundert der Toleranz

Sollte die Erde noch im 22. Jahrhundert ein Ort sein, an dem Milliarden Menschen ein erfülltes Leben leben können in zumindest relativem Wohlstand und in lebenswürdigen Umständen, so erwächst dem 21. Jahrhundert daraus eine gewaltige Aufgabe. Es muss zu jenem Jahrhundert werden, das die unseligen Geister der Vergangenheit loswird, die schattenhaft am menschlichen Geschick kleben und es verdüstern: die politischen Derivationen in jedem Gewand, die fanatisierten Religionen ebenso wie alle anderen Weltanschauungen, einschließlich der westlichen, deren Selbstverständnis sich aus einem Überlegenheitsanspruch speist. Denn ein WIR gegen DIE, sei es religiös oder säkular gezüchtet, in dem WIR das uneingeschränkt Schöne, Wahre, Gute ist und DIE der Inbegriff des Bösen, gehört ein für alle Mal in den Giftschrank, soll unserem Jahrhundert ein weiteres Jahrhundert menschlicher Zivilisation folgen. Man muss kein Prophet sein, um vorherzusehen:

Das 21. Jahrhundert wird das Jahrhundert der Toleranz sein oder das Jahrhundert der endgültigen Katastrophen.

Dass das Jahrhundert der Toleranz nicht auf den leisen Sohlen einer natürlichen Überlegenheit der liberalen Demokratien westeuropäischen Zuschnitts kommt, wie Fukuyama hoffte, sollte uns nicht resignativ werden lassen, das Ziel der Toleranz gleichwohl weiterzuverfolgen. Die Alternative zu Fukuyamas Hoffnung sind nicht Härte, Einmischung und Konfrontation, durch die die USA und Europa doch noch ihre Vormachtstellung behalten, sondern der geschärfte Blick auf das, was die Kulturen der Welt trotz aller Unterschiede *verbindet*. Da ist nicht nur ein gar nicht kleines geteiltes Wertefundament, sondern zugleich die Einsicht darin, dass alle Menschheitszivilisationen gemeinsam vor einer gewaltigen Bedrohung stehen, die weit größer ist als ihre Weltanschauungen; eine Bedrohung zudem, für die keine Derivation im Namen Allahs, Putins oder der Freiheit eine Antwort hat: die längst eingeläutete Menschheitsdämmerung im Angesicht der planetaren Zerstörung menschlicher Lebensbedingungen.

Keine Frage, das 21. Jahrhundert ist geradezu gezwungen, den Blickwinkel zu verändern. Zu viele Menschen leben heute auf unserem Planeten zu eng beieinander und durch unendliche Bande miteinander verstrickt, als dass sich noch Großmachtpolitik betreiben ließe wie in den vergangenen Jahrhunderten. Und entweder wir ändern den Blickwinkel jetzt oder wir tun es irgendwann hilflos, verzweifelt und zu spät, wenn wir uns dann vergeblich an den Händen fassen beim allgemeinen Ertrinken oder Verdursten. Mit einem Satz: Ein Welt-Kommunitarismus als regulative Idee tut uns not, über den Collingwood schon vor fast einem Jahrhundert schrieb, ein Weltethos, von dem vor Jahrzehnten der katholische Theologe Hans Küng sprach, eine Erd-Charta, wie sie die Kommission der Vereinten Nationen für Nachhaltige Entwicklung 1987 vorschlug, eine humanistische Politik der Staatslenkenden, die neben Menschenrechten auch Menschenpflichten kennt, die zudem und vor allem die westlichen Industrieländer ökologisch hart in die Pflicht nimmt. Diese neue humanistische Politik darf, wie der kongolesische Philosoph Jean-Chrysostome Kapumba Akenda zu Recht betont, nicht mehr als Missionsauftrag traditionell westlicher Prägung daherkommen. Sondern sie ist eine »Solidarität ohne Paternalismus« auf der Grundlage einer »Kommunikation ohne Konsenszwang«.[102]

Diese wertegeleitete Außenpolitik der Zukunft geht nicht mehr von »westlichen« Werten aus wie die koloniale Tradition seit Christoph Kolumbus, sondern sie akzeptiert Abstände, unterschiedlich ausgekleidete

Zwischenräume und verschiedene Traditionsstränge. Sie praktiziert innenpolitische Toleranz, statt sie von anderen zu fordern. Und sie ordnet ihre globalen Wertevorstellungen den wichtigsten Werten unter. Das sind nicht Pressefreiheit oder Gewaltenteilung, sondern an erster Stelle saubere Luft, trinkbares Wasser und hinreichend Nahrung für jeden Menschen sowie das Vermeiden von Massakern, Kriegen und Bürgerkriegen.

Es steht uns heute auch nicht mehr frei, den Begriff »Werte« einfach aus der Außenpolitik zu streichen und stattdessen schlichtweg von Interessen zu sprechen. Das Unbehagen an Werten als außenpolitischer Kategorie, das so verschiedene Gemüter wie Henry Kissinger, Gregor Gysi und den Politikwissenschaftler Herfried Münkler eint, kann kaum ein ernst gemeinter Vorschlag sein. Denn der Verzicht auf Werte bedeutet unweigerlich den Verzicht auf Bewertungen, also die Unterteilung des Begrüßenswerten vom Negativen. Aus guten Gründen begnügen wir uns ja auch innenpolitisch nicht mit Interessen, sondern formulieren für unsere Gesellschaft, grundgesetzlich verankert, wichtige Werte. Wenn einzig Interessen eine legitime Kategorie der Außenpolitik von Staaten sein sollen, dann nimmt man sich die Möglichkeit, jedwede Handlungen wie Kriege und Terrorismus zu verurteilen. Dann sind Kriege wie der US-amerikanische Überfall auf den Irak

2003 ebenso legitim wie der russische Überfall auf die Ukraine. Denn ohne Zweifel standen und stehen hinter beiden Überfällen Interessen. Ohne Werte, von denen unsere Bewertungen abhängen, werden Recht und Unrecht nivelliert, und zurück bleibt allein das Recht des Stärkeren.

Alles, was heute außenpolitisch mit Werten verbunden wird, durch Interessen zu ersetzen, befeuerte unweigerlich das fatalistische Weltbild, dem Kant ein humanistisches entgegengesetzt hatte. Zudem besteht im Zeitalter der alle Menschen global vereinenden Klimakatastrophe zwischen Werten und wohlverstandenen Interessen kein grundsätzlicher Widerspruch. Mit anderen Worten: *Im Zeitalter der ökologischen Globalbedrohung wird Klima- und Umweltpolitik zur Weltinnenpolitik.* Der wohlfeile Vorwurf, alle anderen Staaten hätten Interessen, aber Deutschland tue nichts ohne Moral, greift damit zu kurz. Der Fehler bisheriger Wertepolitik liegt nicht an der Orientierung an Werten, sondern an zweifelhafter Priorisierung, fragwürdigen Mitteln und unübersehbarer Inkonsequenz.

Aus alldem ergehen vier Imperative, die anmahnen, den bisherigen Kurs zu korrigieren. Als Erstes gilt die collingwoodsche Maxime, dass nur der ethisch handelt, der seine Ethik selbst lebt. Als Imperativ formuliert: *Wir müssen unsere Werte konsequenter selbst beherzigen.*

Werte überzeugen einzig und allein durch ihren Gebrauch. Und das setzt ohne Zweifel eine hohe Kunstfertigkeit, Achtsamkeit und Diplomatie voraus. Mit klarer Kante, einschließlich verbalen Handkantenschlägen, lässt sich in kürzester Zeit alles zerstören, aber nichts aufbauen, schon gar kein wechselseitiges Vertrauen. Und das entsteht ohnehin nur, solange die westlichen Industrieländer bei ihrem Selbstverständnis, Hüter der Menschenrechte zu sein, glaubwürdig und weitgehend widerspruchsfrei sind. In diesem Sinne argumentiert Markus N. Beeko: »Es ist gut, wenn wir Menschenrechte auch als Teil unserer Haltung, unseres Selbstverständnisses verstehen. Wenn wir niemanden, der es aus der Hölle von Libyen herausschafft und an Europas Grenzen Zuflucht sucht, nach Libyen zurückbringen lassen. Wenn wir als globale Wirtschaftsmacht Geschäfte nur unter Achtung menschenrechtlicher Sorgfaltspflichten tätigen. Wenn wir von der Bundesregierung einfordern, ihr gesamtes Handeln an der Achtung und am Schutz der Menschenrechte auszurichten. Dann – nur dann können wir glaubhaft behaupten, Menschenrechte seien ›unsere Werte‹.«[103]

Dabei ist allerdings leicht zu sehen: Beekos Forderung, bei globalen Geschäften die »menschenrechtlichen Sorgfaltspflichten« einzuhalten, kann nicht meinen, den eigenen innenpolitischen Standard zum

Weltmaßstab zu machen. Denn das würde die deutsche Wirtschaft schwerlich überleben. Ein sehr erheblicher Teil der Rohstoffe, die die deutsche Industrie benötigt, stammt nicht aus Staaten, die im Menschenrechtsindex Spitzenplätze einnehmen. Zudem wäre die Aufnahme sämtlicher Geflüchteter aus Libyen und aller anderen afrikanischen Staaten durch europäische Länder wohl nur um den Preis von innenpolitischen Großkrisen, wenn nicht Bürgerkriegen zu haben. Gleichwohl dürfte Beeko recht damit haben: Solange wir uns in der Menschenrechtsfrage derart inkonsistent und inkonsequent verhalten, wie wir es derzeit tun, haben wir kaum die Lizenz, uns selbst für so moralisch vorbildlich zu halten, dass wir anderen Ländern kluge Ratschläge hinsichtlich ihrer Staats- und Regierungsform geben können. Man denke nur an den Internationalen Strafgerichtshof, der, wie gezeigt, vom Westen gerne als Instrument genutzt wird, der aber für die alles entscheidende Macht dieses Westens, die Vereinigten Staaten, selbst keine Bedeutung hat. Doch wirkungsmächtig kann nur sein, wer den Kritisierten glaubhaft demonstriert, dass bei den Menschenrechten und der Moral nicht mit zweierlei Maß gemessen wird. Es gibt keine gute US-amerikanische Streumunition, die die Ukraine gegen russische Soldaten einsetzt, sondern es gibt nur international geächtete Streumunition, deren

Einsatz ethisch *prinzipiell* geächtet ist – oder gar nicht. Die Tatsache, dass Russland, der militärische Gegner, Streumunition gegen die Ukraine einsetzt, macht deren Gebrauch durch die Ukraine nicht moralisch. Werte werden durch gutes Beispiel, Konsequenz und durch Vorbildcharakter vermehrt und nicht dadurch, dass Menschen oder Staaten, die sie selbst nicht beherzigen, andere moralisieren.

Eine zweite Richtlinie zukünftiger wertegeleiteter Außenpolitik ist, wie erwähnt, *die nicht militärische Prävention von Konflikten und Kriegen*. Dabei gilt es sehr genau zu unterscheiden, wo tatsächlich Wertekonflikte vorliegen und wo wir es schlichtweg mit Interessenskonflikten zu tun haben. Denn Erstere dürften alles in allem ziemlich selten sein und bestimmen, wenn überhaupt, vor allem Konflikte mit der arabischen Welt, also einen alternativen Monotheismus zu Christen- und Judentum. Mit dem aufstrebenden ökonomischen und politischen Partner und Rivalen China hingegen geht es allein um Interessenskonflikte: Wer angelt sich wo und was an Ressourcen in der Welt, wer dominiert welche Märkte, und wer bestimmt in welchem Maße mit über die Geschicke der Weltpolitik? Mit »systemischer Rivalität« hat dies, wie ausführlich gezeigt, ganz und gar nichts zu tun. Wer, wie am Beispiel Chinas, Interessenskonflikte derivativ zu Wertekonflikten ummünzt, betreibt die beschriebene hochproblematische Identitätspolitik.

Aus alledem folgt keine Unbedingtheit der Toleranz. Völkerrechtswidriges Verhalten muss kritisiert werden, wer auch immer es praktiziert, und zwar am gleichen unparteilichen Maßstab. Der Völkerrechtsbruch kennt keine guten Freunde und bösen Feinde. Wer den Unterschied macht, beweist nur, dass er das universalistisch-humanistische Völkerrecht nicht ernst nimmt, sondern als Kampfmittel missbraucht. Deshalb darf es auch keine völkerrechtswidrige Einmischung in innenpolitische Angelegenheiten anderer Staaten geben, und zwar weder durch China und Russland noch durch europäische Staaten und die USA. Wer China und die Länder der westeuropäischen Tradition einander näherbringen will, um einen menschheitsgeschichtlich dramatischen Konflikt zu vermeiden, der spricht eine leise Sprache, droht und poltert nicht. Wertegeleitete Außenpolitik darf nicht, wie derzeit leider häufig der Fall, das Gegenteil von Diplomatie sein. Ganz im Gegenteil verlangt sie eine Rückkehr zur Diplomatie, zur Verständigung auf den Minimalkonsens und zu Collingwoods *civility*. Denn man vermutet wohl nicht zu Unrecht, dass die mit der Globalisierung importierten Kulturgüter Asiens wie Yoga, Ayurveda, Tai-Chi, die vorzügliche asiatische Küche jedweden Gustos, der immer mal wieder modische Buddhismus und nicht zuletzt der Tourismus mehr zur Völkerverständigung beitragen als jede ministeriale Belehrung und Beleidigung bei Staatsbesuchen.

Wen dieses kulturalistische Argument der Annäherung nicht überzeugt, der möge sich vom ökonomischen überzeugen lassen. Nur solange ein Land wie Deutschland, dessen Wohlstand zu einem beträchtlichen Teil auf dem Handel mit China beruht, weiterhin eine prosperierende Industrienation bleibt – was ohne den großen wirtschaftlichen Austausch mit China wohl unmöglich ist –, nur so lange wird es in China überhaupt ernst genommen und kann mit seinen Mitteln zur Verständigung beitragen; einen ökonomischen Verlierer, der Journalist und China-Kenner Frank Sieren hat wiederholt darauf hingewiesen, nähme in China keiner mehr ernst: »Nur wenn wir wirtschaftlich stark sind, ergattern wir noch einen Platz an dem Tisch, an dem die neue Weltordnung ausgehandelt wird. Früher hat uns, dem Westen, dieser Tisch gehört, und wir haben entschieden, wer dort einen Platz bekommt und wann was sagen darf. Doch diese Zeiten sind nun vorbei.«[104] Und so werden wir konfliktpräventiv lernen müssen, China, bei aller notwendigen Kritik durch die dafür geeigneten Institutionen wie die UNO oder unabhängige NGOs, rhetorisch nicht zum »systemischen

Rivalen« aufzubauen, sondern als Schicksalsgenossen zu sehen, mit dem wir hinsichtlich der fortschreitenden Zerstörung unseres Planeten unabwendbar und unvermeidlich in einem Boot sitzen.

Die dritte Richtschnur einer neuen wertegeleiteten Außenpolitik ist damit benannt. Es ist die *realistische Prioritätensetzung im Sinne wohlverstandener Menschenrechte*. Moralische Fragen bedürfen auf internationalem Parkett der Güterabwägung, zumal lupenreines moralisches Handeln nicht nur privat, sondern erst recht politisch kaum möglich ist. Dabei darf sich die Nützlichkeit der Moral nicht nach kurzfristigen politischen Interessenszielen ausrichten, sondern sie muss sich auch am globalen Wohl bemessen sowie am Maßstab ihrer realistischen Durchsetzbarkeit und Umsetzbarkeit.

Möglich wird eine solche zukünftige wertegeleitete Außenpolitik nur sein, wenn Europa *mit einer eigenen Stimme spricht*. Der französische Präsident Emmanuel Macron redet in diesem Zusammenhang von Europa als einem »dritten Pol«. So sagte er der US-Tageszeitung *Politico* im April 2023: »Unsere Priorität kann es nicht sein, uns der Agenda von anderen in allen Weltregionen anzupassen.« Europa riskiere, »zu Vasallen zu werden, während wir der dritte Pol sein können, wenn wir ein paar Jahre Zeit haben, ihn aufzubauen«.[105] Da Macrons Äußerungen nach seinem Besuch in China fielen und der französische Präsident bekräftigte, Europa habe hier nicht das gleiche Interesse wie die USA, insbesondere in der Taiwan-Frage, wurde er von transatlantisch orientierten Politikern in Deutschland dafür heftig kritisiert. Es kann nicht schaden, darauf hinzuweisen, dass diese überaus vehemente Kritik an Macron Deutschland innerhalb Europas mehr und mehr ins Abseits stellt. Denn die Frage, ob sämtliche internationalen Interessen der Vereinigten Staaten unweigerlich auch jene Deutschlands oder Europas sein müssen, muss offen diskutiert werden. Macron spricht hier von einem »Aufwachen«.[106]

Die Aufforderung des französischen Präsidenten an die anderen europäischen Staaten ist eindeutig. Der Wandel von einer unipolaren zu einer multipolaren Weltordnung nötigt der EU eine neue Positionierung und eine neue Außenpolitik ab. Verschieben sich die weltpolitischen Koordinaten, so muss sich auch Europa bewegen. Verfolgen wir die zuletzt von Ländern wie Deutschland eingeschlagene Richtung weiter, die auf dauerhafte Abgrenzung und Aufrüstung setzt, so droht Europa eine lange Phase der Restauration – des Versuchs, den unvermeidbaren Wandel mit allen Mitteln aufzuhalten oder – realistischer – zu verzögern.

Dass ein schwächelnder Hegemon wie die Vereinigten Staaten seine Macht nicht gerne teilt, darf als normal betrachtet werden. Aber nicht ganz so normal ist, ihm dabei in allem zu folgen. Die Treue, der unbedingte Zusammenhalt und der Appell an die Entschlossenheit werden derzeit umso vehementer eingefordert, je *unselbstverständlicher* sie werden. Dieser Entschlossenheit nach außen korrespondiert deshalb leider heute eine vergleichbare Entschlossenheit nach innen: eine zunehmende Intoleranz gegenüber Meinungen, die Europas Rolle in der Zukunft anders sehen, als die Neocons in den USA und ihre transatlantischen Freunde in Deutschland es tun. Was dabei diskursiv verloren geht, ist das, was in diesem Essay versucht wurde: ein Heraustreten aus dem Emotionsfluss, Abstand zu gewinnen, um die eigenen Derivationen zu durchschauen und allzu einfache Erklärungen im Gut-Böse-Schema zu hinterfragen.

Dazu gehört auch, zu schauen, was uns die Geschichte über Zeiten lehrt, in denen Hegemonialmächte an Bedeutung verloren und andere Mächte aufstiegen. Das Straucheln des hegemonialen britischen Empires zu Anfang des 20. Jahrhunderts ist ein hochabschreckendes Beispiel dafür, wie engstirnige Mächte, neben Großbritannien die Rivalen Frankreich und mehr noch Deutschland im Verbund mit schwächeren Mächten wie Russland und Österreich-Ungarn, blind in den Ersten Weltkrieg, die Urkatastrophe eines blutigen Jahrhunderts, stolperten. Will man vergleichbares Schlafwandeln angesichts des allmählichen Bedeutungsverlusts der USA und dem Aufstieg Asiens verhindern, so sind Abstand und Reflexion das schlechteste Mittel nicht. Warum den Historikern späterer Zeiten überlassen, was man schon jetzt überschauen kann? Vieles von dem, was gegenwärtig zwangsläufig und unvermeidlich erscheint, muss weder das eine noch das andere sein. Politik ist nie alternativlos, schon gar nicht im Angesicht solch epochaler Umbrüche wie jenen, den wir derzeit erleben. Und Strategien der Deeskalation können erst dann als gescheitert betrachtet werden, wenn alles getan wurde und diese Deeskalation trotzdem nicht gelang.

Die Gefahr, in der sich die Welt heute befindet, wurde bereits 2012 von dem US-amerikanischen Politologen Graham T. Allison beschrieben – und zwar als Thukydides-Falle.[107] Der antike griechische Historiker Thukydides hatte analysiert, wie es nahezu unvermeidlich zum Konflikt der militärischen Großmacht Sparta gegen den aufstrebenden Konkurrenten Athen kam, mit der bekannten Folge des Peloponnesischen Krieges. Am Ende war nicht nur Athen dem Niedergang geweiht, sondern auch das siegreiche Sparta, das sich nie mehr von den Folgen und Verlusten des Krieges erholte. Allison listet insgesamt 16 historische Beispiele vergleichbarer Konstellationen auf. Zwölfmal kam es dabei zum Krieg zwischen einer etablierten Großmacht und ihrem neuen Rivalen. Nur viermal konnte der Krieg vermieden werden. In seinem Buch *Destined for War* fürchtet Allison, dass die USA auf gleiche Weise unvermeidlich auf einen Krieg mit China zusteuern könnten; eine Position, der allerdings auch vehement widersprochen wurde, und zwar bezeichnenderweise von rechts wie von links. Sowohl der konservative US-amerikanische Journalist Richard Hanania als auch der liberale Politologe Michael W. Doyle sehen in China keinen überdurchschnittlich aggressiven Staat, der die Vereinigten Staaten konfrontativ herausfordert.[108]

Das Erste, was es braucht, um der Thukydides-Falle zu entgehen, ist eine Haltung der Zuversicht. Ohne Hoffnung lässt sich nicht dauerhaft Politik betreiben. Statt trügerisch daran zu glauben, dass doch irgendwie alles beim Alten bleibt und die alte Weltordnung noch lange bestehen bleibt, gilt es auszuloten, wie die neue aussehen könnte, sodass sie zumindest nicht schlechter sein wird als die alte. Ein solcher Perspektivwechsel braucht zunächst eine Veränderung in den Köpfen, was grundsätzlich und überall bekanntlich nicht leicht ist. Wie jeder Change, wie jede große Transformation erfordert das Umdenken mehr Zeit, als die Krisen es herzugeben scheinen. Und möglicherweise braucht es, das wäre dann sicher nicht die beste Aussicht, auch erst das absehbare Scheitern der heutigen problematischen wertegeleiteten Außenpolitik, um daraus für die Zukunft zu lernen.

Kein Zweifel, die Welt, die zum Zeitpunkt, als dieses Buch geschrieben wurde, noch immer durch den Krieg in der Ukraine, den Krieg in Gaza und den maßgeblich durch die Klimakatastrophe mit ausgelösten Bürgerkrieg im Sudan erschüttert wird, lässt viele in Deutschland und Europa pessimistisch in die Zukunft sehen. Und realistische Szenarien können weder zwischen Russland und der Ukraine samt ihren politischen und militärischen Unterstützern noch im Nahostkrieg irgendeinen versöhnlichen Frieden skizzieren; von einem Ende klimabedingter Kriege und Bürgerkriege in Afrika ganz zu schweigen. Und doch ist das in letzter Zeit so vielfach eingeläutete Zeitalter der Restauration, das uns mit Stillstand und Wettrüsten bedroht, nicht ausgemacht und ein neuer Kalter Krieg durchaus abwendbar. Vielleicht müssen die westlichen Industrieländer und Russland in Zukunft durch ein Jahrzehnt des *Kalten Friedens*, von dem Michael W. Doyle spricht. Es wäre ein Jahrzehnt der Distanz, des Misstrauens und der Unterkühlung, aber keines einer systemischen Konfrontation wie zur Zeit des Kalten Krieges. Das Gleiche gilt mindestens im Verhältnis der westlichen Industrieländer zu China. Denn, wie gezeigt, fehlt dafür bei realistischer Betrachtung in der künftigen multipolaren Weltordnung die Grundlage.

Einen Anlass zur Hoffnung gibt es immer. Was derzeit kaum vorstellbar erscheint, kann schon bald realistisch sein. Jeder Menschheitsfortschritt beginnt mit utopischem Denken und wird stets von vermeintlichen Realisten belächelt. Doch am Ende erscheinen oft die Utopisten als Realisten. Die Geschichte des Fortschritts in den westlichen Industrieländern, von autokratischen Systemen zu liberalen Demokratien, gibt davon beredtes Zeugnis. Liberale Gesellschaften sind, mag es auch oft anders scheinen, äußerst lernfähig. Sie lernen durch schlechte Erfahrungen, gesellschaftliche Widersprüche, Generationswechsel und manchmal, wenn auch eher selten, durch aufklärerische Gedanken. Selbst Bücher wie dieses können einen minimalen Beitrag dazu leisten, allerdings nur, wenn die Bereitschaft zum aufrichtigen Nachdenken vorhanden ist. Denn die pragmatistische Philosophie und die Psychologie lehren unmissverständlich, dass Erkenntnisse nur dann für jemanden relevant sind, wenn sie oder er sie auch haben *will*.

Das Mindeste, was ich abschließend sagen können will, ist, dass der Satz »Nachher ist man immer schlauer« nachher nicht gesagt werden kann, weil man schon vorher schlauer war. Besonnenheit und Umsicht angesichts des Weltenumbruchs brauchen wir jetzt – nicht nachher. Ein neues Kapitel in Barbara Tuchmans Buch der Torheit hinzuzufügen, können wir uns schlichtweg nicht mehr leisten. Das 21. Jahrhundert wird das Jahrhundert der Toleranz sein oder es wird das letzte sein, in dem menschliche Geschichte geschrieben wird. Noch lässt sich verhindern, dass die Geschichte des Menschengeschlechts mit einem makabren Schlussklang endet, die Homo sapiens vollends als Missgeburt der Natur in einer fortan geistlosen Erinnerung behält: Dass die Menschheit in dem Moment, als sie nach allzu langem Leugnen endlich erkannte, dass sie mit der Ausplünderung ihrer Ressourcen und der Zerstörung ihrer biologischen Lebensbedingungen sich selbst vernichtet, sie dieser Vernichtung durch einen kollektiven Suizid zuvorkommt: einem dritten und endgültig letzten Weltkrieg. Dieser bewiese dann für jeden außerirdischen Betrachter, der in einigen Myriaden Jahren die Erde besucht und den Menschen als Leitfossil des Monetozäns, des Zeitalters des Geldes, ausgräbt, dass es um diese Spezies gewiss nicht schade gewesen sein dürfte. Noch lässt sich diese bittere Pointe vermeiden und das Fiasko verhindern; es ist an der Zeit.

Anmerkungen

1. www.weforum.org/reports/global-risks-report-2022.
2. www.l-iz.de/politik/engagement/2023/08/zu-viel-ist-zu-viel-earth-overshoot-day-2-august-alarmsignal-547772.
3. https://globalchallenges.org/global-risks/.
4. Vgl. dazu Susan Neiman: *Links ≠ Woke*, Hanser 2023.
5. https://de.statista.com/statistik/daten/studie/1828/umfrage/groessten-probleme-der-welt/.
6. www.bpb.de/kurz-knapp/zahlen-und-fakten/globalisierung/255298/oekologischer-fussabdruck-und-biokapazitaet/.
7. Ebd.
8. Francis Fukuyama bei *PRECHT*, 31. März 2019.
9. Francis Fukuyama: *Das Ende der Geschichte. Wo stehen wir?*, Kindler 1992, S. 12.
10. https://nationalpost.com/news/world/the-man-who-declared-the-end-of-history-now-fearful-of-the-very-fate-of-liberal-democracy. (Übersetzung R.D.P.)
11. Siehe Siegfried Kracauers Diskussionsbeitrag in: Wolfgang Iser (Hrsg.): *Immanente Ästhetik – ästhetische Reflexion*, in: *Poetik und Hermeneutik*, Bd. 2, Fink 1966, S. 247.
12. Francis Fukuyama: »The History at the End of History«, in: *The Guardian*, 3. April 2007: »The EU's attempt to transcend sovereignty and traditional power politics by establishing a transnational rule of law is much more in line with a ›post-historical‹ world than the Americans' continuing belief in God, national sovereignty, and their military.« (Übersetzung R.D.P.)
13. Mark Leonard: *The Age of Unpeace: How Connectivity Causes Conflict*, Penguin 2021, S. XVI. (Übersetzung R.D.P.)

14. www.spiegel.de/politik/die-blaue-blume-der-moderne-a-43ea7434-0002-0001-0000-000013488201.
15. www.handelsblatt.com/politik/international/wirtschaftswachstum-chinas-wachstum-die-rettung-fuer-die-lahmende-weltwirtschaft/29101380.html.
16. www.demokratiematrix.de/ranking.
17. Ebd.
18. Ivan Krastev bei *PRECHT*, 10. Dezember 2023.
19. www.tagesschau.de/ausland/afrika/brics-staaten-erweiterung-100.html.
20. Barbara Tuchman: *Die Torheit der Regierenden. Von Troja bis Vietnam*, Fischer 2016, S. 11, 6. Aufl.
21. Ebd., S. 13.
22. Ebd., S. 15.
23. Jared Diamond: *Kollaps. Warum Gesellschaften überleben oder untergehen*, Fischer 2005.
24. Daron Acemoglu und James A. Robinson: *Warum Nationen scheitern. Die Ursprünge von Macht, Wohlstand und Armut*, Fischer 2013.
25. Joseph Tainter: *The Collapse of Complex Societies*, Cambridge University Press 1990.
26. Vgl. Patricia Ann McAnany und Norman Yoffee (Hrsg.): *Questioning Collapse: Human Resilience, Ecological Vulnerability, and the Aftermath of Empire*, Oxford University Press 2010.
27. Deklaration über Grundsätze des Völkerrechts betreffend freundschaftliche Beziehungen und Zusammenarbeit zwischen den Staaten in Übereinstimmung mit der Charta der Vereinten Nationen (»Friendly Relations Declaration«) vom 24. Oktober 1970. Anhang zu Resolution 2625 (XXV), in: *United Nations Year Book* 24, 1970, S. 788. Siehe auch Christian Tomuschat und Christian Walter (Hrsg.): *Völkerrecht*, Nomos, 2021. 9. Aufl.
28. Siehe dazu F. William Engdahl: *Geheimakte NGOs. Wie die Tarnorganisationen der CIA Revolutionen, Umstürze und Kriege anzetteln*, Kopp 2018.
29. www.friedenskooperative.de/friedensforum/artikel/die-strategische-bedeutung-von-militaerbasen.
30. Vgl. Bernd Stegemann: *Identitätspolitik*, Matthes & Seitz 2023.
31. Wladimir Putins Grundsatzrede über eine neue Weltordnung

auf: www.anti-spiegel.ru/2023/putins-grundsatzrede-ueber-eine-neue-weltordnung/.
32. Vgl. Robin George Collingwood: *The Idea of History: With Lectures 1926–1928*, Oxford University Press 1994, neu durchgesehene Aufl.
33. https://germany.representation.ec.europa.eu/12-mythen-uber-den-krieg-russlands-der-ukraine-und-die-wahrheit_de: »Vor einem Jahr hat Russland *grundlos* einen Angriffskrieg gegen seinen friedlichen Nachbarn Ukraine entfacht und damit der Welt die imperialen Ambitionen des Kremls klar vor Augen geführt.« (Hervorhebung R.D.P.)
34. Putin-Rede, vgl. Anm. 31.
35. Mary Elise Sarotte: *Nicht einen Schritt weiter nach Osten. Amerika, Russland und die wahre Geschichte der Nato-Osterweiterung*, C.H. Beck 2023.
36. https://www.dw.com/de/irak-krieg-nach-der-lüge-folgte-der-völkerrechtsbruch/a-64942299.
37. https://ecfr.eu/publication/living-in-an-a-la-carte-world-what-european-policymakers-should-learn-from-global-public-opinion/.
38. Ebd., S.I. (Übersetzung R.D.P.)
39. Vgl. dazu mein Gespräch mit Ivan Krastev am 10. Dezember 2023 in: *PRECHT*.
40. https://www.zdf.de/nachrichten/politik/ausland/un-botschafter-kenia-kimani-100.html.
41. Manfred Nowak: *Menschenrechte. Eine Antwort auf die wachsende ökonomische Ungleichheit*, Edition Konturen 2015, S.89.
42. Ivan Krastev bei *PRECHT*, 10. Dezember 2023.
43. Vgl. Ernst Cassirer: *Vom Mythus des Staates*, Meiner 2015.
44. Es sei denn, man interpretiert die zweimonatige Grenzüberschreitung chinesischer Truppen nach Vietnam 1979 als »Überfall«.
45. Heinrich August Winkler: *Geschichte des Westens*, 4. Bd., C.H. Beck 2016, S.599.
46. Ders.: *Geschichte des Westens*, 3. Bd., S.109.
47. Ebd., S.108.
48. https://www.merkur.de/politik/putin-russland-kriegsziel-westen-ukraine-krieg-verhandlung-92757837.html.
49. https://www.cducsu.de/presse/pressemitteilungen/seit-500-

tagen-verteidigt-die-ukraine-unsere-freiheit; https://www.gruene-bundestag.de/presse/pressemitteilungen/gemeinsam-fuer-die-freiheit-und-unabhaengigkeit-der-ukraine.
50. https://www.welt.de/print-welt/article255937/Was-sind-die-Neokonservativen.html.
51. Ebd. (Hervorhebung R.D.P.)
52. Siehe dazu: Thomas Alan Schwartz: *Die Atlantik-Brücke. John McCloy und das Nachkriegsdeutschland*, Ullstein 1992; Stefan Scheil: *Transatlantische Wechselwirkungen. Der Elitenwechsel in Deutschland nach 1945*, Duncker & Humblot 2012.
53. https://www.telepolis.de/features/Die-Aufrechterhaltung-eines-starken-Keils-zwischen-Deutschland-und-Russland-7286781.html?seite=all. Vgl. auch George Friedman: *The Next Decade: Empire and Republic in a Changing World*, Knopf Doubleday Publishing Group; Reprint Edition 2012.
54. Vgl. dazu Uwe Krüger: *Meinungsmacht. Der Einfluss von Eliten auf Leitmedien und Alpha-Journalisten – eine kritische Netzwerkanalyse*, Halem 2013; ders.: »Die Nähe zur Macht. Eliten-Netzwerke deutscher Journalisten in der Außenpolitik«, in: *MedienJournal* 35 (2), /2011, S.33–49.
55. Das war zwischenzeitlich einmal anders. Man denke an das Zwischenspiel des China-Spezialisten Professor Eberhard Sandschneider als Direktor des Forschungsinstituts der Deutschen Gesellschaft für Auswärtige Politik (DGAP) von 2003 bis 2016, der überaus ausgleichend in Bezug auf China und die USA agierte.
56. https://www.faz.net/aktuell/politik/inland/umfrage-zur-aussenpolitik-fuer-zurueckhaltung-und-ukraine-unterstuetzung-19346469.html.
57. Vgl. dazu Richard David Precht und Harald Welzer: *Die vierte Gewalt. Wie Mehrheitsmeinung gemacht wird, auch wenn sie keine ist*, Fischer 2022.
58. https://www.nytimes.com/2022/05/19/opinion/america-ukraine-war-support.html.
59. Bernard Claverie und François du Cluzel: »Cognitive Warfare«, in: Bernard Claverie, Baptiste Prébot, Norbou Buchler und François de Cluzel (Hrsg.): *Cognitive Warfare: The Future of Cognitive Dominance*, NATO-STO Collaboration Support Office, S.25–32. Vgl. dazu auch Jonas Tögel: *Kognitive Kriegsführung. Neueste Manipulationstechniken als Waffengattung der NATO*, Westend 2023.

60. https://web.de/magazine/politik/politische-talkshows/voelkerrechtlich-geaechtete-waffen-ukraine-journalist-sorgt-entsetzen-38395714.
61. Omri Boehm: *Radikaler Universalismus. Jenseits von Identität*, Propyläen 2022, S.12, 3. Aufl.
62. Man darf allerdings annehmen, dass es sich dabei um weitgehend verlorene Liebesmüh handelt. Denn die Saudis rücken derzeit immer näher an China heran und sind seit Anfang 2024 sogar Mitglied von BRICS. In Riad sieht man das ganz pragmatisch: Die USA sind nun nicht mehr ihr größter Kunde, sondern sie sind der größte Wettbewerber in der Ölindustrie. China hingegen ist nun der größte Kunde, mit noch gewaltigem Potenzial.
63. Vgl. Pankaj Mishra: *Freundliche Fanatiker. Über das ideologische Nachleben des Imperialismus*, Fischer 2021.
64. Ebd. Siehe auch mein Gespräch mit Pankaj Mishra bei *PRECHT*, 26. März 2023.
65. https://www.consilium.europa.eu/de/press/press-releases/2023/05/04/european-peace-facility-council-adopts-assistance-measures-to-support-defence-sector-of-the-republic-of-moldova-and-georgia/.
66. https://www.fr.de/politik/moldau-erhaelt-nato-unterstuetzung-nach-putsch-geruechten-russland-krieg-92095599.html.
67. https://www.tagesspiegel.de/wirtschaft/geringverdiener-besonders-hart-getroffen-ukraine-krieg-kostet-deutschland-mehr-als-200-milliarden-euro-11245495.html.
68. https://einstellungstest-bundeswehr.de/auslandseinsaetze-bei-der-bundeswehr-alle-fakten-im-ueberblick/.
69. Zum Ampel-Vergleich siehe Heinrich Popitz: *Soziale Normen*, Suhrkamp 2006, S.61f.
70. Vgl. dazu: Christoph Antweiler: *Heimat Mensch. Was uns alle verbindet*, Murmann 2009.
71. Max Scheler: *Der Formalismus in der Ethik und die materiale Wertethik* (1913/1916), Meiner 2014.
72. Siehe hierzu: Kwame Anthony Appiah: *Ethische Experimente. Übungen zum guten Leben*, C.H. Beck 2009.
73. Vgl. dazu die Arbeiten von Ernst Fehr: ders. und Armin Falk: »Psychological Foundations of Incentives«, in: *European Economic Review* 46, Nr. 4–5, 2002, S.687–724; ders. und Urs Fischbacher: »The Nature of Human Altruism«, in: *Nature*

425, 2003, S. 785–791; ders. und Simon Gächter: »Cooperation and Punishment in Public Goods Experiments«, in: *American Economic Review* 90, Nr. 4, 2000, S. 980–994. Ders. und Klaus M. Schmidt: »A Theory of Fairness, Competition, and Cooperation«, in: *Quarterly Journal of Economics* 114, Nr. 3, 1999, S. 817–868.

74. Zu Geschichte und Theorie der Menschenrechte siehe Manfred Nowak: *Einführung in das internationale Menschenrechtssystem*, Neuer Wissenschaftlicher Verlag 2002; ders.: *Menschenrechte*, vgl. Anm. 41.

75. »Europe and America have built their system of rights and liberties with reference to a common civilization, to their respective peoples and to specific aspirations … It is not the case for us Africans either to copy or to seek originality for the sake of originality. We will need to show proof simultaneously of imagination and effectiveness. We may find inspiration in those of our traditions that are good and positive. You should therefore always bear in mind the values of our civilization and the real needs of Africa.« (Übersetzung R.D.P.) Zit. nach B. Obinna Okere: »The Protection of Human Rights in Africa and The African Charter on Human and People's Rights: A Comparative Analysis With the European and American Systems«, in: *Human Rights Quarterly* 6, 1984, S. 141–159.

76. Zit. nach Arthur A. Long und David N. Sedley: *Die hellenistischen Philosophen. Texte und Kommentare*, Metzler 2006, S. 514.

77. https://au.int/sites/default/files/treaties/36390-treaty-0011_-_african_charter_on_human_and_peoples_rights_e.pdf.

78. »China gives top priority to ensuring people's rights to subsistence and development. In the meanwhile, it also works to meet the people's expectation for a better, higher-quality life, and meet their growing demand for rights in all respects. For this purpose, China coordinates development of the economy, democracy, the rule of law, ethics, and culture, works for all-round improvements in employment, income distribution, education, social security, and healthcare.« Siehe: https://www.bjreview.com/Opinion/Voice/202401/t20240111_800354160.html.

79. https://www.humanrights.ch/de/ipf/grundlagen/rechtsquellen-instrumente/regionale/asean/.

80. https://www.deutschlandfunkkultur.de/grundwerte-in-der-gesellschaft-westliche-werte-sind-nur-100.html.
81. Ebd.
82. https://www.amnesty.de/sites/default/files/2021-10/Amnesty-Journal-November-Dezember-2021.pdf.
83. Ebd.
84. https://www.zdf.de/nachrichten/politik/ausland/un-botschafter-kenia-kimani-100.html.
85. Ebd.
86. https://www.cducsu.de/themen/bedrohung-ernst-nehmen-fuer-eine-echte-zeitenwende.
87. Zu den Kosten des Afghanistan-Einsatzes siehe: https://www.nzz.ch/international/afghanistan-krieg-was-die-billionen-investition-gebracht-hat-ld.1640697.
88. Für den Hinweis danke ich dem Solinger Pfarrer Joachim Römelt.
89. https://unric.org/de/wp-content/uploads/sites/4/2022/10/charta.pdf.
90. So der *Zeit*-Redakteur Jörg Lau auf: https://internationalepolitik.de/de/wir-leben-einer-multi-polaren-welt.
91. Stephen Pinker: *Gewalt. Eine neue Geschichte der Menschheit*, Fischer 2011. Ders.: *Aufklärung jetzt. Für Vernunft, Wissenschaft, Humanismus und Fortschritt. Eine Verteidigung*, Fischer 2018.
92. https://www.welt.de/politik/ausland/plus248623976/Geopolitik-Wir-koennen-nicht-jeden-Krieg-wie-den-Zweiten-Weltkrieg-fuehren.html.
93. Vgl. Robin George Collingwood: *The New Leviathan: Or Man, Society, Civilization, and Barbarism*, Clarendon Press 1942.
94. https://rgs-ibg.onlinelibrary.wiley.com/doi/abs/10.1111/tran.12319.
95. https://www.spiegel.de/wissenschaft/natur/nato-zwei-prozent-ziel-gefaehrdet-wohl-weltweite-klimaziele-a-ed3b9a93-59c6-4e0d-b063-bc15a4f9508d?giftToken=44dc5b76-0dab-4b94-9933-09eeb066eea5.
96. https://www.tagesspiegel.de/politik/frieden-ohne-freiheit-heisst-unterdruckung-scholz-warnt-in-un-rede-vor-schein-losungen-im-ukraine-krieg-10496218.html.
97. Ebd.
98. Siehe den Podcast *Jung & Naiv*, Folge 537, 15. Oktober 2021.

99. Michael W. Doyle: *Cold Peace: Avoiding the New Cold War*, Liveright 2023, S.1.
100. Ebd., S.2. (Übersetzung R.D.P.)
101. https://www.welt.de/politik/deutschland/article241089941/ Aussenministerin-SPD-Politiker-Schulz-kritisiert-Baerbocks-Politik-mit-dem-moralischen-Zeigefinger.html.
102. Jean-Chrysostome Kapumba Akenda: *Kulturelle Identität und interkulturelle Kommunikation. Zur Problematik des ethischen Universalismus im Zeitalter der Globalisierung*, IKO-Verlag 2004, S.268 ff. und S.285.
103. https://www.amnesty.de/sites/default/files/2021-10/Amnesty-Journal-November-Dezember-2021.pdf.
104. Vgl. Frank Sieren bei *PRECHT*, 12. Februar 2023.
105. https://www.spiegel.de/ausland/china-politik-scharfe-kritik-an-emmanuel-macron-nach-distanzierung-von-usa-a-61571aa0-5a38-443e-a371-cf0dc3813323.
106. Ebd.
107. Allison verwendet den Begriff das erste Mal 2012 in einem Artikel für die *Financial Times*. Eine ausführliche Darlegung enthält sein Buch *Destined for War: Can America and China Escape Thucydides's Trap?*, Houghton Mifflin Harcourt 2017.
108. Richard Hanania: https://www.realcleardefense.com/ articles/2020/06/08/there_is_no_thucydides_trap_between_ the_us_and_china_115359.html; Michael W. Doyle: *Cold Peace*, a.a.O., S.2 ff.

Danksagung

Ich danke den Erstlesern dieses Buchs, deren Rat und Kritik so unendlich wertvoll war. Horst Giesen prüfte unbestechlich jede Formulierung und fand viele ungebräuchliche Redewendungen, über die ich neu nachzudenken hatte. Prof. Dr. Elisa Hoven machte mich auf manche Ungereimtheit aufmerksam. Oliver Junker röntgte den Text mit dem kritischen Blick eines beschlagenen Journalisten. Prof. Jörg Mainka verdanke ich den Hinweis auf die Klarstellung der heiklen Frage von Einmischung und Nichteinmischung, Prof. Dr. Manfred Nowak prüfte insbesondere die Darstellung der Menschenrechte mit größter Expertise und bestand auf der sorgfältigen Unterscheidung von Menschenrechten und westlichen Werten. Ranga Yogeshwar betonte die deutlich verschiedene Sicht der Welt aus westlicher Perspektive gegenüber jener der BRICS-Staaten. Joachim Römelt glättete manche rhetorische Zuspitzung und bemühte sich um eine Ehrenrettung der Grünen. Frank Sieren prüfte den Text mit dem Blick des China-Kenners und lieferte mir wertvolle Anregungen. Regina Carstensen kümmerte sich, wie immer, liebevoll um das Lektorat. Ihnen allen bleibt mir nur, aus vollem Herzen für ihre Mühen und Freuden bei der Lektüre zu danken.

Personenregister

Acemoglu, Daron 66, 70, 234, 236
Allison, Graham Tillet 268 f.
Annan, Kofi 230, 252
Ariston von Chios 197
Aristoteles 171

Babeuf, Gracchus 189
Bahr, Egon 135
Barber, Benjamin 94, 96
Beck, Ulrich 46
Beeko, Markus N. 210, 214, 217, 260 f.
Biden, Joe 140 ff.
Blair, Tony 213
Blanc, Louis 189
Bloch, Ernst 119 f.
Boehm, Omri 158 f.
Bourdieu, Pierre 138
Brandt, Willy 133
Brecht, Bertolt 99
Breschnew, Leonid Iljitsch 100
Buonaroti, Filippo Michele 189
Bush, George Walker 141, 213, 215

Casas, Bartolomé de las 180
Cassirer, Ernst 12, 84, 121
Charlier, Louis-Joseph 189
Cicero, Marcus Tullius 104
Claverie, Bernard 144
Cluzel, François du 144
Collingwood, Robin George 88, 241 ff., 257, 259, 263
Comte, Auguste 196 f.

Condorcet, Jean Antoine Nicolas de Caritat de 152, 189
Considérant, Victor 189

Diamond, Jared 65 ff., 70, 74, 245
Doyle, Michael 252, 269 f.

Engels, Friedrich 93, 109, 189
Erasmus von Rotterdam 104

Faulkner, William 215
Fourier, Charles 189
Friedman, George 133
Friedrich Wilhelm III. 40
Fukuyama, Francis 35, 37, 39 f., 42, 45 f., 48, 50, 66, 99, 152, 160 f., 234, 236, 241, 243, 256

Gandhi, Mahatma 214
Garton Ash, Timothy 113
Genscher, Hans-Dietrich 135
Gorbatschow, Michail 127
Gouges, Olympe de 183
Grotius, Hugo 104
Gysi, Gregor 258

Habermas, Jürgen 82
Hanania, Richard 269
Hannibal 220
Harrington, James 181
Hegel, Georg Wilhelm Friedrich 40, 50

Hobbes, Thomas 45
Hume, David 183
Huntington, Samuel Phillips 94, 96

Illouz, Eva 206
Ismay, Hastings Lionel Ismay, 1. Baron 125

Jaishankar, Subrahmanyam 228
Jelzin, Boris 95
Jung, Tilo 249

Kant, Immanuel 43, 56, 105, 157, 159, 161, 183 f., 187, 191, 201, 204, 213, 259
Kapumba Akenda, Jean-Chrysostome 257
Karl I. 180
Kierkegaard, Søren 17
Kimani, Martin 115, 216
Kissinger, Henry 258
Kohl, Helmut 131
Kolumbus, Christoph 257
Kracauer, Siegfried 39
Krastev, Ivan 49, 113, 115, 117
Kristol, Irving 129 f., 136
Kubicki, Wolfgang 208
Küng, Hans 257

Le Carré, John 252
Leonard, Mark 44, 113
Locke, John 57, 106, 181

Macron, Emmanuel 265 f.
Mao, Tse-tung 82
Marx, Karl 80, 87, 93, 109, 189
McLuhan, Marshall 143
Mishra, Pankaj 161 f.
Modi, Narendra 98
Montesquieu, Charles Louis de Secondat de 181
Moravcsik, Andrew 241
Münkler, Herfried 258

Nowak, Manfred 116

Pareto, Vilfredo 78–81, 86, 130
Pillay, Navanethem 202
Pinker, Stephen 241
Platon 40, 171
Pol Pot 82
Proudhon, Pierre-Joseph 189
Pufendorf, Samuel 182
Putin, Wladimir 87, 123, 127, 135, 213

Ramaphosa, Cyril 52, 247
Reagan, Ronald 130
Robespierre, Maximilien de 183
Robinson, James 66, 70, 234, 236
Rousseau, Jean-Jacques 182 f.

Salazar, António de Oliveira 125
Sarotte, Mary Elise 91
Scheler, Max 175 f.
Schmidt, Helmut 131
Schneider, Rolf 205, 207
Schröder, Gerhard 58, 132, 134, 164
Schulz, Martin 253
Senghor, Léopold Sédar 193
Sieren, Frank 264
Silva, Luiz Inácio Lula da 247
Spence, Thomas 189
Stalin, Josef 82, 93

Tainter, Joseph 67–70, 74, 141, 163
Thukydides 268
Trump, Donald 36, 141
Tuchman, Barbara 61 ff., 79, 272

Watzlawick, Paul 88
Weber, Max 140
Winkler, Heinrich August 124, 204, 218

Xi, Jinping 142

Sachregister

Abstrakta 80
Afrikanische Charta der Menschenrechte und der Rechte der Völker 193, 198 f.
Allgemeine Erklärung der Menschenrechte 187, 214, 247
Alternative für Deutschland (AfD) 155 f.
American Council on Germany 137
American Service-Members' Protection Act 212
Amerikanische Menschenrechtskonvention 194
Amnesty International 210
Anokratie 48
Arabische Charta der Menschenrechte 199
Arabischer Frühling 186
Artikel 28 der Allgemeinen Erklärung der Menschenrechte 191
Asiatische Deklaration der Menschenrechte (ASEAN Human Rights Declaration) 199–202
Atlantik-Brücke 137
Aufklärung als innenpolitischer Prozess 161
Auswärtiges Amt 249
Autokratie 49
Außenpolitischer Moralismus 227

Bill of Rights 180, 183
Biologismus 158 f.
BRICS-Staaten 52
Bündnis 90/Die Grünen 219 ff., 224 ff.
Bündnis Sahra Wagenknecht 155 f.
Bürgertum 185

Cancel Culture 222
Chatham House (Institut) 137
Christentum 179
Civility 242, 263
Cognitive Warfare 145
Council on Foreign Relations 137
Covid-19-Pandemie 208

Deeskalation 250
Dekontextualisierung 87
Demokratie, liberale 35 f., 38 f., 40
Demokratie-Ranking 48
Demokratie 108
Derivat 80
Derivation 80–85, 87, 90 f., 97, 122 f., 130
Derivation vom »angegriffenen Westen« 126 ff.
Derivation von der »systemischen Rivalität« zw. dem Westen und China 108 f., 111 f., 142 f.
Derivationen, Nützlichkeit von 84
Deutsche Gesellschaft für Auswärtige Politik (DGAP) 137

Deutsches Institut für Wirtschaftsforschung (DIW) 165
Deutschland, Rolle in der Welt 133
Digitalisierung 44
Doxa 138 ff., 162

Eigentum 185
Ende der Geschichte 35, 37, 40, 46, 50, 160
Erd-Charta 257
Erfahrung, Entstehung von 12
Erklärung der Rechte der Frau und Bürgerin 182
Ethik der Sofortness 237
Europa als dritter Pol 265
European Council of Foreign Relations (ECFR) 112
Europäische Union 42
Europäischen Menschenrechtskonvention (ECHR) 194
Evolution, Ziel der 39
Expertise, politische 10 f.

Feindbild 87, 93, 95
feministische Außenpolitik 229
Fortschritt im Politischen 63
Fortschrittsoptimismus 152
Frauenrechte 229
Freiheit 182
Freund-Feind-Schema 143 ff., 147, 150
Friedensordnung, internationale 102, 103 f.

Gefühlsstrukturen 79
Gemeinschaft 200
Gemeinschaftsrechte 201
Gemeinwohlorientierung 200
German Marshall Fund (GMF) 137
Geschichtsinterpretation 88
Gesellschaft 80
Gesellschaft, Entwicklung von 196
Gesellschaften, Scheitern von 65–69, 72, 74
Gesinnungsethik 234

Gewaltenteilung 181
Global Challenges Foundation (GCF) 22 f.
Global Footprint Network (GFN) 30
Global Risks Perception Survey (GRPS) 18
Grenznutzen 67 ff., 141, 163
Grundrechte, Einschränkung der 201

Habeas Corpus Act 180
Handelsfreiheit 186
Handlungsfreiheit 186
Human Domain 144

Idee der Menschenrechte 179
Idee des Guten 171
Identität 157
Identitätspolitik 155–158, 160, 237, 254
Identitätspolitik, Auswirkungen auf Außenpolitik 159
Identitätspolitik, Renaissance der 43, 84
Ideologie 80, 129 f.
Inklusive Institutionen 67, 70
Internationaler Pakt über bürgerliche und politische Rechte (ICCPR) 187
Internationaler Pakt über wirtschaftliche, soziale und kulturelle Rechte (ICESCR) 187
Internationaler Strafgerichtshof (IStGH) 211 ff., 261
Interventionskrieg 230 f.
Islamismus, Feindbild des 94–97

Kalter Frieden 270
Kapitalismus 38, 47, 67
Kapitalismus und Kommunismus, Systemkonkurrenz von 99 ff.
Klima- und Umweltpolitik 259
Klimaabkommen von Paris 22
Klimaflucht 21

Klimakatastrophe 24, 26, 250, 259
Klimaschutz 22 f.
Klimawandel 18, 20, 27 f.
kognitive Dissonanz 30
kognitive Kriegsführung 143 f., 146 f.
Kolonialismus 106
Kommission der Vereinten Nationen für Nachhaltige Entwicklung (CSD) 257
Kommunitarismus 242, 257
Konfliktprävention 251, 262
Konsequenzialismus 234
Konsum 206
KSZE-Konferenz 102
Körber-Stiftung 138

Lebensklugheit (phronesis) 171
Leviathan 45
Liberalismus 106, 128, 241 ff.
Liberalismus, philosophischer 181

Manden-Charta 184
Menschenpflichten 257
Menschenrechte 106, 180–184, 187, 203 f., 210, 265
Menschenrechte als Individualrechte 200
Menschenrechte der 1. Dimension 188
Menschenrechte der 2. Dimension 189 f.
Menschenrechte der 3. Generation 201
Menschenrechte, Bedingungen für 107
Menschenrechte, Zweiteilung der 191
Menschenrechtskommission (CHR) 190
Menschenrechtskonvention der Vereinten Nationen 187, 247
Menschenwürde 13, 157, 181 f., 183 f., 187, 204
Monetozän 272
Multipolare Konflikte 116

Multipolare Weltordnung 52, 64, 113–116, 240, 266

Narrative Verengung 74, 78, 91
Nation Building 196
Nation 197 f.
Nationale Interessen, Kontext von 29
Nationalität, Recht auf 194
NATO Osterweiterung 90
NATO 124 f., 134 f., 145 f.
Naturzustand 183
Neocons 131 f., 137, 153
Neokonservativismus 128–131, 135 f., 138, 140 f.
Neue Gesetze (Leyes Nuevas) 180
Nicht-logische Beweisführung 81
Nicht-logisches Handeln 78 f.
Nichteinmischungsgebot des Völkerrechts 224
Normativität 173 f., 183
Nullpunktsetzung 87, 227

Opportunität 176
Optimismus, welthistorischer 241, 243
Osterinsel 65 f., 70

Pax Americana 52, 73
Pazifismus 206 f.
Peloponnesischer Krieg 268
Petition of Right 180
Posthumanisten 19
Prinzipien der Rechte der Menschen (las reglas de los derechos humanos) 180
Propaganda 91
Präreflexives Handeln 79

Realitätsverlust 24 f.
Recht auf Nichteinmischung 71 ff.
Reenactment 88
Regional Comprehensive Economic Partnership (RCEP) 57
Residuen 80 f.

Responsibility to Protect 231
Ressourcenverbrauch 30
Risiken für die Menschheit 18 ff., 22
Rüstungsausgaben 244 ff.

Schuldenkrise 22
Selbstbestimmungsrecht der
  Völker 192
Selbstzivilisierung 243
Sitting on the fence 117
Staatsformen 47
Staatswesen 182
Stiftung Wissenschaft und Politik
  (SWP) 137
Streumunition 261 f.
Suprematie 83
symbolische Prägnanz 84
systemische Rivalität 77, 94, 98 f.,
  100, 122 f.

Thukydides-Falle 268 f.
Timbuktu-Handschriften 184
Toleranz-Paradox, grünes 221
Toleranz 221 ff., 235
Torheit 61 f.
Tradition 50
transatlantische Netzwerke 131 f.,
  134
Tugendethik 171, 176

Ukraine-Krieg 22, 89 f., 117, 120 ff.,
  126 f., 139, 165, 219, 247, 252
UN-Sicherheitsrat 231
Unabhängigkeitserklärung 181
Ungleichzeitigkeit (nach Ernst
  Bloch) 119 f.
United Nations Organization 130,
  190, 264
United States National Security
  Council (NSC) 130
universale Werte 240
Universalismus 157 ff., 161, 186, 202,
  217, 243

universalistischer Humanismus
  248, 250
Universalität der Menschenrechte
  210 f., 213
Universelle Erklärung der Menschenrechte (UDHR) 190

Verfassungspatriotismus 82
Volk 198
Volonté générale 182
Völkerrecht 104

Weltinnenpolitik 259
Weltordnung, monopolare 54
Weltwirtschaftsforum (WEF) 18
Werte 169–172, 207, 214, 259
Werte, christliche 205 ff.
Werte, »westliche«, Gründe gegen
  Begriff 210, 214, 217
Werte, »westliche« 203 ff., 207, 215 f.,
  220, 233, 235
Werte-Empfindungen 175
Wertebesitz 176 f.
wertegeleitete Außenpolitik, bisherige 222, 228 f., 232, 234, 236 ff.,
  252, 259
wertegeleitete Außenpolitik, neue
  243 f., 247 f., 251, 253, 257, 262 f.,
  265
wertegeleitete Außenpolitik 160 f.
Wertekonkurenz 208 f., 229 f.
Werteordnung 174 ff.
Wertetradition 205
Wertewandel 173
Westen, der 124 f., 218
Western European and Others
  Group 124
Wiener Weltmenschenrechtskonferenz 233
Wokeness 160, 222

Zwölf Artikel der Bauernschaft 180